릴랜드 라이큰의
천로역정 가이드

Bunyan's The Pilgrim's Progress

릴랜드 라이큰의
천로역정 가이드

▼▼▼

지은이	릴랜드 라이큰
옮긴이	오현미
발행인	김혜정
디자인	홍시 송민기
표지그림	심효섭
기획위원	김건주
마케팅	윤여근, 정은희
발행일	1쇄 인쇄 2025년 5월 22일
	1쇄 발행 2025년 6월 10일
발행처	도서출판 CUP
출판신고	제 2017-000056호(2001.06.21.)
주소	(04549) 서울특별시 중구 을지로 148, 803호(을지로3가, 중앙데코플라자)
전화	02) 745-7231
팩스	02) 6455-3114
이메일	cupmanse@gmail.com
홈페이지	www.cupbooks.com
페이스북	facebook.com/cupbooks
인스타그램	instagram.com/cupmanse

ISBN   979-11-90564-71-7 03230   Printed in Korea

* 파손된 책은 구입하신 서점에서 교환해 드리며 책값은 뒤표지에 있습니다.

릴랜드 라이큰의
천로역정 가이드

릴랜드 라이큰 지음 | 오현미 옮김

**Bunyan's
The Pilgrim's Progress**

City of Destruction

Celestial City

Mount Sinai

Country of Beulah

Doubting Castle

Apollyon

Wicket gate

House of the Interpreter

Whole Armor of God

Slough of Despond

Bunyan's The Pilgrim's Progress
Copyright © 2014 by Leland Ryken
Published by Crossway a publishing ministry of Good News Publishers
Wheaton, Illinois 60187, U.S.A.
This edition published by arrangement with Crossway through rMaeng2,
Seoul, Republic of Korea.
This Korean translation edition © 2025 by CUP, Seoul, Republic of Korea.
All rights reserved.

이 한국어판의 저작권은 알맹2를 통하여 Crossway와 독점 계약한 도서출판 CUP에 있습니다.
저작권법에 의하여 한국 내에서 보호 받는 저작물이므로 무단 전재와 무단 복제를 금합니다.

Bunyan's The Pilgrim's Progress

— Christian Guides to the Classics —

Leland Ryken

차
례

PART 1 | 《천로역정》에 관하여

문학의 본질과 기능	11
고전은 왜 중요한가	15
이야기를 읽는 방법	19
한눈에 훑어보는 《천로역정》	23
작가와 작가의 신앙	30
문학적 특색	33
버니언이 그리는 풍유적 인물	36
판형에 관하여	39

PART 2 | 《천로역정》 첫 번째 이야기

01 멸망의 도시에서 좁은 문으로	45
02 좁은 문을 지나 해석자의 집에서	54

03 해석자의 집에서 아름다운 집에 이르는 험난한 여정　61

04 아름다운 집　66

05 굴욕과 사망의 그늘의 골짜기　72

06 믿음과 함께 가는 길에서　77

07 허영 시장　85

08 절망 거인　94

09 유쾌한 산과 마법의 땅　101

10 천상의 도시에 들어가다　112

PART 3 | 《천로역정》 두 번째 이야기

01 크리스티아나가 멸망의 도시를 빠져나가기로 결심하다　123

02 멸망의 도시에서 해석자의 집까지의 여정　130

03 해석자의 집　136

04 아름다운 집까지의 여정　141

05 아름다운 집을 방문하다　146

06 굴욕의 골짜기를 지나는 여정　151

07 가이오의 여관에서　159

08 위험한 여정의 결말　166

09 이 땅에서의 삶에 작별을 고하다　173

자료 더 찾아보기　179
이 책에 쓰인 문학 용어 풀이　181

Part 1

《천로역정》에 관하여

슬기로운 고전 읽기

문학의 본질과 기능

▼▼▼

어떤 글을 대하든 우리는 그 글이 어떤 성질의 글인가를 바탕으로 올바른 기대를 가지고 접근해야 한다. 어떤 문학 작품이든 우리는 다음과 같은 기대를 품고 그 작품을 대해야 한다.

문학의 주제

인간의 체험이 문학의 주제이며, 작품 속에서 이 주제는 가능한 한 구체적으로 표현되어야 한다. 그래서 문학은 우리가 평범한 인생사를 이야기할 때 쓰는 해설문 유형과 뚜렷이 대조된다. 문학은 사실과 정보를 전하는 게 목적이 아니다. 문학이 존재하는 것은 우리가 일련의 체험을 공유하도록 하기 위해서다. 문학은 이미지를 만들고 이를 인식하는 우리의 역량에 호소한다. 한 유명한 소설가는 독자들이 보게 만드는 것이 자신의 목적이라고 말했는데, 이 말은 곧 인생을 보게 만든다는 뜻이다.

문학의 보편성

거기서 한 걸음 더 나가, 문학의 주제는 인간의 보편적인 체험, 곧 동서고금의 모든 이들에게 해당하는 체험이다. 그렇지만 이는 문학이 무엇보다도 구체적이고 특정한 내용으로 가득하다는 사실과 모순되지 않는다. 문학이 다루는 특정한 사실은 작가가 보편적인 사실을 포착해 표현하는 데 쓰는 그물이기 때문이다. 역사를 비롯해 그날그날의 뉴스는 과거에 일어난 일을 우리에게 말해 주고, 문학은 지금 일어나는 일을 말해 준다. 이 사실은 우리가 문학 작품을 읽을 때 어떤 친숙한 삶을 대리 체험하는지 알아차리고 그 삶에 이름을 붙여 줘야 한다는 과제를 안긴다. 문학이 전해 주는 진리는 삶을 보는 정직한 시선, 곧 사물을 정확하게 보는 형태의 지식이다. 독자로서 우리는 작품이 묘사하는 세상을 볼 뿐만 아니라 그 세상을 통해 일상의 삶을 본다.

삶을 해석하기

작가는 인간의 체험을 묘사할 뿐만 아니라 자신이 그 체험을 어떻게 해석하는지 우리에게 알려 준다. 작가가 삶을 보는 관점을 우리와 공유하기에 문학에는 설득의 측면이 있다. 작가가 해석하는 삶은 사상이나 테마로 표현될 수 있다. 그래서 상상력 풍부한 문학 작품을 소화할 때 중요한 부분은, 작가의 시각과 신념 체계를 잘 판단하고 평가하는 것이다.

문학 형식의 중요성

문학의 또 하나의 측면은 작가가 예술가라는 사실에서 생겨난다. 작가는 이야기(narrative)와 시(poetry)라는 독특한 문학 장르로 글을 쓴다. 게다가 문학가는 말을 다루는 솜씨에서부터 작품을 세심하고 예술적으로 구성하는 능력에 이르기까지, 문학적 기량과 아름다움에 대한 사랑을 우리와 공유하고 싶어 한다.

> **요약**

상상력 풍부한 문학 작품은 우리가 삶을 정확히 보게 하고, 중요한 사상에 관해 생각해 보게 하며, 예술적 성취를 향유하도록 하는 것을 목표로 한다.

고전은 왜 중요한가

▼▼▼

이 책은 서양 문학의 고전 안내서 시리즈 중 한 권이다. 우리는 문학적 고전의 개념이 종종 오해되는 시대, 고전 자체가 자주 경시되거나 심지어 공격당하는 시대에 살고 있다. 고전이 무엇인지 알기만 해도 우리는 고전의 개념 자체를 높이 평가하게 될 것이다.

고전이란 무엇인가?

먼저, 고전(classic)이란 용어에는 최고 수준(the best in its class)이란 의미가 담겨 있다. 고전이 통과해야 할 첫 번째 기준은 탁월함이다. 누가 말하는 탁월함인가? 이 질문에 답변하려면, 고전에 대한 정의(定義)의 두 번째 부분으로 나가게 된다. 즉 고전은 수 세기에 걸친 시간의 검증을 받아 왔다. 어떤 작품이 고전의 지위를 갖게 되는지는 인류 스스로 결정한다. 고전의 지위를 가지려면, 약간의 자격이 필요하다. 고전은 특히 정규 교육을 받은 사람들이 잘 알고 가치 있게 여기는데, 이는 고전이 한 문화에서 이뤄지는 교육의 중요한 부분을 형성한다는 점을 우리에게 알려 준다.

이 사실은 고전의 또 한 가지 측면으로 우리를 인도한다. 고전은 그 자체로서뿐만 아니라 시대를 통한 해석과 재해석의 관점에서도 우리에게 알려진다. 우리는 어떤 고전 작품을 알되 수 세기에 걸쳐 그 작품에 따라붙게 된 의견과 해석의 관점에서 부분적으로 안다.

왜 고전을 읽는가?

고전을 읽는 첫 번째 확실한 이유는, 고전은 최고를 표상한다는 것이다. 고전이 읽기 어렵다는 사실은 고전에 유리한 하나의 특징이다. 물론 일정한 한계 안에서 독자에게 많은 것을 요구하는 문학 작품은 독자에게 별 요구가 없는 작품에 비해 더 많은 유익을 준다. 탁월한 것에 대한 취향이 있는 사람이라면 자동으로 고전을 접해 보고자 할 것이다. 고전은 비교적 가치가 덜한 작품에 비해 더 많은 즐거움을 주고, 인간의 체험에 관해 더 많이 이해하게 해주며, 더 풍성한 사상과 생각을 품게 해준다

(물론 가치가 덜한 작품도 그 나름대로 합리적으로 읽을 수 있다). 고전을 한 번 읽거나 다시 읽기를 마칠 때의 우리는 고전을 읽지 않았을 때와 비교해 지각(知覺)이 고양(高揚)된 상태다.

게다가, 고전을 안다는 것은 곧 과거를 안다는 것이며, 과거를 알면 이와 더불어 일종의 능력과 전문적 지식도 생긴다. 과거를 알면, 지금 이 시대만 알 때 생기는 한계에서 어느 정도 보호를 받을 수 있다. 마지막으로, 고전을 안다는 것은 교양 있는 사람이라는 뜻이다. 고전을 모른다는 것은, 지적인 면에서나 문화적인 면에서 팔이나 다리 하나가 없이 돌아다니는 것과 마찬가지다.

> **요약**

문학 전문가들은 고전 문학을 다음과 같이 네 가지로 정의하는데, 각 항목은 고전이 왜 중요한지에 관한 시각을 제공한다.

❶ 고전이란 우리가 지금까지 생각하고 말해 온 최고의 작품이다. – 매튜 아놀드

❷ "문학적 고전은 지금까지 세상에 나온 최고의 문학 작품과 어깨를 나란히 한다." – 하퍼 문학 편람

❸ 고전은 "인간의 지성에 영구히 잔상을 남기며 [또한] 다른 어떤 책도 이를 상기시키거나 일시적인 대용물이 될 수 없다는 의미에서 완전히 대체 불가다." – C. S. 루이스

❹ 고전이란 "비록 자주 다시 읽지 않는다 해도, 주변 세상을 해석하는 시금석으로 여겨 우리가 마음으로 몇 번이고 다시 찾는" 작품이다. – 니나 베임

이야기를 읽는 방법

▼▼▼

《천로역정》은 이야기다. 이 책을 읽을 때 즐기면서, 이해하면서 읽으려면 이야기가 어떻게 작동하고 사람들은 왜 이야기를 쓰고 읽는지를 알아야 한다.

사람들은 왜 이야기를 들려주고 이야기를 읽는가?

이야기를 한다는 것은 듣는 이를 즐겁게 해주기 위해서이고 어떤 사실을 진술하기 위해서다. 듣는 이를 즐겁게 해주는 것으로서 이야기가 지니는 가치에 대해 말하자면, 인간의 가장 보편적인 충동 한 가지는 사실 "내게 이야기를 들려줘"(tell me a story)라는 한 문장으로 요약될 수 있다. 이야기는 보편적인 호소력을 지니며, 어느 평범한 하루를 지내는 동안 우리는 모두 쉴 새 없이 이야기하는 이야기꾼으로 산다. '사실을 진술하기'로서의 이야기에 대해 한 소설가는, 작가가 이야기를 들려주려면 세상을 머릿속에 그려야 하고, 그 세상에서 옳고 그른 것이 무엇인지도 머릿속에 그려야 한다고 정곡을 찔러 말했다.

이야기를 구성하는 것

모든 이야기는 우리의 관심을 요구하는 세 가지 사항으로 구성된다. 그 세 가지는 배경, 인물, 플롯(plot)이다. 훌륭한 이야기란 이 세 가지가 균형 잡혀 있는 것을 말한다. 어떤 의미에서 작가는 이 세 가지에 '관해' 우리에게 말해 주지만, 소설가 플래너리 오코너의 말처럼, 또 어떤 의미에서 작가는 플롯, 배경, 인물에 '관해서'가 아니라 이 세 가지를 '가지고' 이야기한다. 그렇다면 작가는 이 세 가지를 수단으로 우리에게 '무엇을' 이야기하는가? 삶, 인간의 체험, 그리고 작가가 참이라고 믿는 사상을 이야기한다.

이야기의 한 부분으로서의 세계 구축

이야기를 읽는다는 것은 상상의 세계 전체로 들어가는 것이다. 작가는 자신의 이야기 세계를 세심히 구축한다. 세계를 구축하는 것이 작가가 하는 일의 핵심이다. 한편 이는 이야기를 재미있게 만드는 부분이기도 하다. 우리는 현실 세계에서 벗어나 낯선 이름을 가진 머나먼 곳으로 가기 좋아한다. 그러나 작가는 자신이 상상해 낸 세계가 현실의 정확한 초상이 되기를 꿈꾼다. 달리 말해, 작가가 상상해 낸 세계는 작가가 주장하고자 하는 진실의 중요한 부분이다. 따라서 작가가 창조하는 세계의 세세한 부분에 주의를 기울이면서, 그 세계를 작가가 존재한다고 믿는 세계의 초상으로 보아야 한다.

분별력이 있어야 한다

한 이야기가 우리에게 하는 첫 번째 요구는 빠져들라(surrender)는 것이다. 현실 세상에서 작가가 창조하는 세상으로 이동하는 기쁨에 빠져들고, 체험과 인물과 배경을 만나는 기쁨에 빠져들며, 작가가 자기 이야기로 주장하는 진리를 숙고해 보는 기쁨에 빠져들라는 것이다. 하지만 작가가 우리에게 펼쳐 놓는 세상 앞에서 도덕적으로나 지적으로 수동적이어서는 안 된다. 한 이야기의 도덕성과 그 이야기가 주장하는 진리를 숙고할 때 우리는 자기 양심에 진실해야 한다. 어떤 이야기가 훌륭하다

해도, 그 훌륭함이 그 이야기가 모든 면에서 진실을 말한다고 보증하지는 않는다.

한눈에 훑어보는 《천로역정》

▼▼▼

저자

존 버니언(1628~1688)

발간 국가

잉글랜드

첫 발간일

1678년, 《천로역정(순례자의 여정): 이 세상에서 다가올 세상으로, 꿈과 유사한 상태에서 인도되다》(*The Pilgrim's Progress: From This World to That Which Is to Come, Delivered Under the Similitude of a Dream*)라는 제목으로 1부가 출간되었고, 2부는 1684년에 발간되었다.

대략의 분량

250~300페이지 이상(페이지 크기 및 삽화와 난외주 유무에 따

라 달라짐)

현재 입수할 수 있는 판본

반즈 앤 노블스, 펭귄 클래식, 크로스웨이(말투와 판형을 최신화하고 원본의 삽화를 곁들였다), 옥스퍼드 월드 클래식, 도버 트리프트, 노턴 크리티컬 에디션, 시그넷 판 등 다수가 있다.

장르

공상소설, 풍유소설, 꿈에서 본 환상, 판타지, 사실주의 소설, 종교소설, 여행담, 드라마, 모험담, 영적 전기/자서전, 회심소설, 심리소설

이야기의 배경

상징과 원형(原型)으로 가득해서 우리가 알고 있는 세상과 간단히 동일시할 수 없지만, 그와 동시에 우리가 사는 세상의 특질을 다수 갖고 있는 가상의 영역

주요 등장인물

크리스천(Christian)은 1부 주인공이고, 그의 아내 크리스티아나(Christiana)는 2부의 주인공이다. 일단 이 두 사람을 넘

어가면 등장인물 숫자가 급격히 늘어나지만, 그중 다음과 같은 인물들이 두드러진다.

해석자 | 크리스천과 그의 아내에게 기독교의 진리를 설명해 준다.
믿음 | 크리스천이 멸망의 도시에서 빠져나온 직후 역시 그 도시에서 도망쳐 나온 사람으로, 일찍이 크리스천의 여정에 동행했다.
소망 | 크리스천의 여정의 마지막 1/3을 함께 하는 동행이 된다(믿음이 죽은 뒤).
담대 | 크리스티아나의 순례 여정에서 안내자와 보호자 역할을 하는 군인.

플롯 요약

주인공이자 해설자가 멸망의 도시라는 고향 땅을 떠나기로 마음먹는 데서 이야기가 시작된다.

1부의 주요 줄거리는 멸망의 도시에서부터 천상의 도시까지 이어지는 크리스천의 여정이다. 이는 인간 영혼의 구원 이야기임이 분명하다. 크리스천이 만나는 모든 인물과 장소는 그가 천국을 향해 나가는 길과 그리스도인으로 사는 삶이 성숙해 나가는 길에 도움이 되거나 장애가 되거나 둘 중 하나다. 천국으로 향하는 여정에서 발길을 돌리게 만드는 역경과 유혹 앞에서 참을성 있게 버티는 크리스천의 모습을 중심으로 이야기가 전개된다.

2부도 마찬가지로 크리스티아나와 자녀들이 멸망의 도시에서 나와 천상의 문으로 향하는 여정을 다루는 탐색의 이야기다. 크리스티아나도 남편이 지나간 장소를 대부분 다 통과하고 남편이 만난 사람들을 똑같이 만나지만, 여기에는 단순히 앞선 행동을 되풀이하는 게 아니라 그 이상의 의미를 갖는 새로운 요소들이 있다.

구조와 통일성

책의 주요 구조 요소는 *The Pilgrim's Progress*(순례자의 여정)란 원제목에 나와 있으며, 이 요소는 중세 작가 초서(Chaucer)와 단테(Dante) 이후로 기독교 문학의 중심 장르다. 다시 말해, 이 책은 순례기, 즉 거룩한 곳까지의 여정을 기록한 책이다. 그래서 이 책은 탐구라는 모티프를 중심으로 전개되며, 구체적으로 이 탐구에는 영적 성격이 있다. 이 탐구 덕분에 이 책은 여행담과 여정을 모티프로 하는 문학적 전통에 견고히 자리 잡는다.

이 책은 1, 2부 모두 주인공이 갈 바를 모르는 상태에서 천상의 상태로 진전해 가는 과정을 추적한다. 이 책의 진수(眞髓)는 목표를 향해 나아가는 엄청난 추진력이다. 탐구 여정을 담은 이야기들이 그렇듯, 1, 2부에서 우리는 각 주인공을 뒤따라가면서, "이 세상에서 다가올 세상으로" 나아가는 그리스도인의 삶에서 순례자의 그 여정을 훼방하려는 일련의 장애물(주로 일정한 장소와 사람들)을 만나는 이들의 모습을 본다.

문화적 배경

17세기 말 인물인 버니언이 살던 시기는 첫 청교도 혁명이 끝날 무렵이었다. 버니언은 청교도 운동의 주도적 대변인이며, 문화적으로나 영적으로 과거에 의지해서 힘을 얻는 사람이었다. 하지만 버니언이 살던 역사적 순간은 과거에 대한 이런 개인적 충성으로는 감당할 수 없을 만큼 복잡했다. 버니언은 1660년 왕정복고를 겪어냈다.

뒤늦게 청교도가 된 사람으로서 버니언은 새 시대의 불경건한 풍조와 전혀 보조를 맞출 수 없었을 것이다. 그래서 실제로 버니언은 허가 없이 설교했다는 죄목으로 새 정권에 의해 십이 년 넘게 옥살이를 했다. 또 한 가지 주목할 것은, 존 밀턴 같은 초기 청교도는 지적인 면에서 기독교에도 충성했고 그에 못지않게 고전에도 충성했지만, 버니언의 관심은 성경과 경건에 더 한정되어 있다는 점이다.

이 책을 읽기 위한 팁

❶ 이 책을 문학 작품으로 즐겁게 읽을 수 있기 위해 가장 중요한 선행 요건은 여행 모티프와 모험 장르에 자기 자신을 내맡길 수 있는 능력이다. 이런 면에서 이 책은 호메로스의 《오디세이아》나 톨킨의 《반지의 제왕》과 비슷하다. 역경에서 아슬아슬하게 빠져나오는 상황과 생명을 위협하는 시련이 계속 이어진다.

❷ 마찬가지로, 풍유(allegory) 기법, 즉 책 속에 등장하는 장소와 인물이 추상적 특질의 이름을 지니는 상황을 즐길 수 있어야 한다. 하지만 '풍유'라는 말이 이야기 속의 사건을 제대로 표현해 주지는 못하므로 상징적 현실 개념을 덧붙일 필요가 있는데, 이는 독자가 상징의 '숲'이 주요 구성 요소인 상상의 영역에 들어갈 때 생기는 결과다.

❸ 앞의 두 가지 사항을 종합하면, 《천로역정》을 읽어나갈 때는 물질적 차원을 다른 모든 것의 바탕 삼아 읽어나가야 할 뿐만 아니라, 두 주인공이 물질적 차원의 여정에 더하여 영적이고 심리적인 여정에 나섰다는 점을 이해해야 한다.

❹ 영적 의미가 버니언이 책 속에서 행하는 모든 일을 최우선으로 지배하며, 이에 따라 그가 이야기를 풀어가는 기법이 결정되고 소재가 선정된다.

작가와 작가의 신앙

▼▼▼

생전에 존 버니언은 설교자로도 유명했고 작가로도 유명했다. 버니언의 사회적 신분은 보잘것없었고, 그 자신의 평가에 따르면, 이십대 초에 회심할 때까지 타락한 삶을 살았다. 겉으로 볼 때 버니언은 힘들게 살았다. 버니언은 어릴 때부터 가난했다. 십대 초에 떠돌이 땜장이(냄비와 팬을 고치는 사람)라는 아버지의 직업을 이어받았다. 버니언이 서른 살 때 첫 아내가 세상을 떠났고, 이에 버니언은 혼자 네 자녀를 돌봐야 했다. 버니언은 잉글랜드 국교회의 허가 없이 설교에 몰두했고, 그 결과 말년의 상당 기간 감옥을 들락거리게 되었다. 겉으로 드러나는 삶이 이렇게 엉망이었음에도 버니언은 다작(多作)의 작가였다. 실제로 그는 서른 권이 넘는 책을 펴냈는데, 주로 교리적 성격의 책이었다. 또한 버니언은 당대에 모종의 전설 같은 인물이 되었는데, 이는 설교자로서의 그의 인기 덕분이기도 했다.

몇 가지 용어가 버니언의 종교적 신념과 소속을 정확히 설명해 준다. 앞에서 살펴보았다시피 버니언은 16세기와 17세기 청교도 운동에 소속되어 있고, 십대 후반에는 크롬웰의 의회군의 일원이었다. 비순응파(nonconformist)라는 말도 버니언을 정확히 묘사하는 말로서, 왕정복고 후 버니언이 투옥되었던 이유, 즉 잉글랜드 국교회의 예배 관행과 교회로서의 권위에 서명 동의하기를("따르기를"conform) 거부한 행동에 주목하게 만든다. 버니언과 같은 확신을 가진 사람에게 적용되는 또 한 가지 단어는 국교 반대(혹은 국교 반대파dissenter)인데, 이는 버니언이 잉글랜드 국교회의 여러 가지 믿음과 관행에 반대했다는 뜻이다.

하지만 실제 상황은 이런 몇 가지 용어들이 암시하는 것보다 더 복잡하다. 회심한 지 얼마 후 버니언은 평생의 주 거주지인 베드포드의 침례교회에 출석하면서 설교하기 시작했다. 한번은 그 지역의 퀘이커 교도들이 버니언의 석방을 도왔다. 버니언이 오늘날 사람이라면 개혁파[칼뱅주의] 침례교도라는 이름표가 붙었을 것이다. 하지만 버니언은 분파주의적 논쟁을 싫어했으므로 그저 복음주의적 개신교 그리스도인이라고 부르는 게 가장 안전할 것이다. 버니언은 성경을 신앙적 신념을 위한 근거로, 그리고 하루하루 영적 생명을 유지하기 위한 하나님의 말씀으로 인정하고 받아들였다. 성경에 전념하다 보니 교리를 강조하게 되었는데, 교리를 강조하는 것은 청교도주의의 특징이기도 했다. 출발점이 되는 전제는, 사람은 모두 본성적으로 죄인이며 타락한 그 상태에서 구원받기까지는 영원히 저주받는다는 것이다. 예수의 속죄를 믿는 믿음을 통한 개인적 회심이 새 생명의 출발점이다. 삶에서 크게 중시하는 것은 행위의 거룩함이며, 인생의 목표는 천국에 들어가는 것이다. 이러한 교리적 틀이 버니언의 이 걸작《천로역정》1, 2부에서 순례자의 여정에 주된 추진력을 제공한다.

문학적 특색

▼▼▼

《천로역정》은 가장 역설적인 문학 명작이다. 이 책이 경건한 개신교도의 집에 흠정역 성경과 나란히 놓이면, 집안사람들은 성경과 마찬가지로 영적인 덕을 세우기 위해 이 책을 읽었다. 문학적 세련됨은 그런 독자들의 레이더 화면에 잡히지 않았다. 물론 그렇다고 해서 그 독자들이 이 책의 문학적 우수성에 감응하지 않았다는 뜻은 아니다. 하지만 《천로역정》을 주로 영적으로 덕을 세워 주는 책으로 읽어온 사람들의 긴 역사 때문에 우리가 쉽게 오해할 수 있는데, 이 고전 문학 안내서 시리즈가 다루는 책 중 《천로역정》만큼 문학 장르와 양식을 구체적으로 드러내는 책은 없다.

이 책이 속하는 문학 장르를 나열하자면, 공상소설, 풍유소설, 영적 전기/자서전, 회심소설, 꿈 이야기(등장인물들의 행동이 마치 꿈속의 일인 것처럼 그려진다), 여행 이야기, 인물 스케치, 비유담(사실에 충실한 세부 묘사는 어떤 도덕적/

영적 현실의 뚜렷한 사례다), 심리소설(생각과 감정이라는 내면의 삶에 관한 이야기), 영웅 이야기 등이다.

여기에 문학 양식상 다음과 같이 장르의 경계를 넘나드는 관련 범주를 추가할 수 있다. 판타지(현실에 있을 법하지 않은 유쾌한 산(Delectable Mountains) 같은 장소나 수다쟁이 같은 이름을 가진 인물), 사실주의(위와 같은 장소와 인물 중 일부는 버니언의 동네 베드포드에 아주 깊이 자리 잡고 있어서 《천로역정》이 지역주의 소설로 분류되기도 한다), 상징주의적 사실주의(책을 읽으면서 우리가 들어가는 세상이 주로 사건, 인물, 사물로 구성되는 한편 이 사건과 인물과 사물이 그 자체를 초월하는 무언가를 상징할 때), 모험 이야기.

《천로역정》의 문체를 분석해 보면 추가적인 일련의 문학 용어들이 작용하는 것을 알 수 있다. 관련 개념으로는 사실주의적인 구어체, 성경에서 인용한 문체, 좀 더 구체적으로는 흠정역 문체, 묘사적/회화적 문체, 드라마 같은 문체, 청교도 문체가 있다. 마지막으로, 책을 읽어 나가다 보면 사실상 모든 페이지에서 인생과 문학의 위대한 원형(原型)을 만나게 된다. 예를 들어 탐구 이야기, 좀 더 구체적으로는 순례 이야기, 순례자, 물질적인 동시에 심리적(마음 상태를 나타내는)이고 도덕적/영적(풍유적인 지명이 계속 우리에게 일깨워 주다시피)인 풍경을 통과하는 여정, 시련 및 시련을 통한 시험, 시험과 유혹 같은 내용들이 작품을 형성해 나간다.

　　결론을 말하자면, 이 책은 덕을 세우는 것을 목표로 하는 신앙 체험을 말하고 있는 게 너무도 분명해서, 의식적으로 노력을 해야만 이 책을 문학적 상상의 산물로 볼 수 있다. 그렇게 시각의 전환이 이뤄지면, 갑자기 봇물 터지듯 문학적 방향으로 문이 열린다.

버니언이 그리는
풍유적 인물

▾▾▾

풍유적 이름을 지닌 인물들은 《천로역정》의 거의 모든 페이지에 등장하며, 이들은 버니언이 생각하는 이야기 설계의 중심임이 분명하다. 이 풍유적 인물들은 형용사('믿음'faithful 같은)나 명사('전도자'evangelist 같은)를 가지고 만들어지고, 첫 글자가 대문자로 표현되며(Faithful, Evangelist처럼), 그래서 학자들은 이를 가리켜 "의인화된 추상 개념"이라고 한다. 이런 기법은 대개 빈약한 캐릭터를 낳지만, 버니언이 창조하는 풍유적 인물들은 그런 경향에 아랑곳하지 않으며 오히려 상상력의 승리를 구가한다.

우선, 버니언의 인물 묘사 기법 그 이면에는 풍성한 문학적 역사가 있다. 그리스 작가 테오프라스투스(Theophrastus)로 거슬러 올라가서 초서의 《캔터베리 이야기》의 전체 서문에 등장하는 인물 묘사에 이르기까지, 문학에는 '인물'(the character)이란 장르가 있다(오늘날에는 '인물 스케치'나 '초상'이라고 부른다). 이런 인물 스케치는 일부 시대에서 '기질 캐릭터'(humor character)라고 부른 인물들을 거의 자동으로 만들어 내는 경향이 있는데, 이는 이 인물들이 한결같이 어떤 단일한 주 특징(예를 들어 게으름 같은)이나 역할(상인이나 아내)에 지배된다는 의미다. 이어서 이 기법은 흔히 풍자적 초상(인간의 악이나 어리석음을 드러내는 초상)을 그려 보인다.

버니언은 인물을 시각적으로 묘사해 보이는 것은 철저히 피하지만, 모종의 마법을 발휘해 인물들의 이름 자체가 그 인물의 행동과 더불어 시각적 초상과 동일한 효과를 내게 한다. 버니언이 어떤 인물을 "팔랑귀"라고 부르는 순간, 우리는 이 인물이 어떤 사람인지 금방 알게 된다. 지금 자기 앞에 어떤 외부의 힘이 있든 그 힘에 즉각 영향받는 사람, 그 외부의 힘의 영향에 따라 마음과 행동을 즉시 바꾸는 사람인 것이다. 풍유적 이름이 그 인물에 대한 초상을 대신하고, 이름 자체만으로도 순식간에 캐릭터가 창조된다.

하지만 이는 버니언의 마법의 시작일 뿐이다. 버니언이 창조한 풍유적 인물은 거의 모두가 세 가지를 동시에 상징한다는 의미에서 다차원적이다.

❶ 이들은 성격 유형을 대표한다. 즉 그 풍유적 이름이 가리키는 성향을 지닌 사람들을 나타낸다.
❷ 이들은 사회적 유형을 대표한다. 즉 다른 사람들과 어울릴 때 일정한 영향을 끼치는 사람들을 나타낸다(예를 들어 지나치게 말이 많은 사람은 곧 사회적 병폐가 된다).
❸ 이들은 도덕적, 영적 자질이나 영향력을 구체적으로 표현한다. 작가들은 대개 처음 두 가지 층(層)의 인물 묘사에 만족하지만, 버니언은 영적 삶에 관해 글을 쓰고 있기에, 그의 독창성은 세 번째 단계로까지 밀고 나가, 인물 특성과 사회적 유형이 어떻게 한 사람의 경건한 삶에 도움이 되기도 하고 훼방이 되기도 하는지 생각해 보게 만든다.

버니언이 창조하는 인물이 엄청나게 폭이 넓다는 점에도 주목할 필요가 있는데, 그는 우리가 아는 거의 모든 유형의 사람을 다룬다. 작품 속에서 인물을 창조하는 위대한 작가들을 거론할 때 우리가 버니언을 즉각 떠올리지는 않을지라도 그는 위대한 작가군에 속한다.

판형에 관하여

▾▾▾

첫 번째로 해결해야 할 문제는 버니언의 이 걸작을 뭐라고 부를까 하는 것이다. 초판 인쇄 때 이 책의 제목은 《그 순례자의 여정》(*The Pilgrim's Progress*)이었지만, 보통은 《순례자의 여정》(*Pilgrim's Progress*)으로 줄여서 부르게 되었고, 이 안내서에서도 이 제목이 쓰인다(우리말로는 잘 알려진 대로 《천로역정》으로 옮기기로 한다-옮긴이).

두 번째 문제는 본문을 어떻게 나눌까 하는 것이다. 처음 출판될 당시 《천로역정》은 크리스천의 여정을 다루는 1부와 크리스티아나와 그 자녀들의 여정을 다루는 2부, 이렇게 두 부분으로만 나누어져 있다. 이 책은 대개 그런 판형으로 출판되지만, 편집자들이 종종 원고를 몇 개의 단원으로 나눠 소제목을 붙이기도 하였다. 판본에 따라 이 단원들은 (순례의) "단계"(stages) 혹은 (책의) "항"(sections)으로도 불린다. 이 단원들은 단계나 항이라는 호칭 없이 그냥 소제목만 붙기도 한다. 연구 안내서들은

1부와 2부라는 큰 구분에 더하여 필히 본문을 작은 단원으로 나눈다. 그러나 어떤 경우든 획일적인 구분 체계는 없다. 그보다는 편집자와 해설가가 자신들 보기에 최선이라 여겨지는 대로 본문을 나눈다.

　이 책에서는 이 시리즈에서 다루는 다른 고전들과의 통일성을 위해 저자가 다루기 쉬운 단원으로 본문을 나누었다. 저자는 이 단원들에 "장"(chapters)이라는 이름을 붙였고 각 장마다 그 단원의 내용을 설명해 주는 제목을 붙였다.

　또한 《천로역정》에는 최신 축약본 문제도 있고 어린이들을 위해 내용을 단순화한 판본 문제도 있다. 이 《천로역정 가이드》는 본문을 순서대로 따라가기 때문에 사실상 《천로역정》 어느 판본과 병행해서 읽든 상관없다. 이 가이드에 쓰인 인용문은 원본의 고풍스런(제임스 왕 시절의) 표현을 유지하지만, 해설은 현대화된 철자법으로 쓰인 판본에도 그대로 적용할 수 있다. 해설은 《천로역정》 축약본에 포함되지 않은 부분도 다룬다는 것을 염두에 두면, 축약본과 병행해서도 해설을 활용할 수 있다.

　《천로역정》 본문에서 인용한 구절에서는 원래의 표현이 유지되었을 뿐만 아니라 구두점도 그대로다. 덕분에 이 책은 현대적이기보다 예스러워 보일 수 있는데, 그렇게 해야 오히려 정확하기도 하고 《천로역정》의 매력이 돋보이기도 한다.

Part 2

《천로역정》
첫 번째 이야기

크리스천의 이야기

멸망의 도시에서
좁은 문으로

01

▼▼▼

줄거리

《천로역정》의 첫 문장은 모든 문학 작품 중 가장 유명한 첫 문장으로 손꼽힌다. "이 세상 광야를 두루 다니던 중, 우연히 동굴이 있는 어떤 곳에 이른 나는, 그곳에 몸을 눕히고 잠이 들었다. 그리고 잠을 자던 중 꿈을 꾸었다."[1] 첫 단락의 나머지 구절들은 이 책의 전

---

[1] 《천로역정》의 첫 구절은 아무리 칭찬해도 과하지 않다. 이 구절은 친밀한 일인칭화법과 그 소박한 사실주의(굴, 잠, 꿈, 누더기 차림 남자, 등에 걸머진 짐)로 곧장 우리를 사로잡는다. 그러나 일상적 삶의 이런 누추한 이미지들에 그 자체를 초월하는 어떤 의미의 차원이 있다는 점을 인식할 때 우리는 풍유나 상징주의의 호소력 심지어 전율까지 경험하게 되며, 작가로서 버니언은 이 의미의 차원을 깨닫는 일을 독자인 우리에게 맡긴다.

체적 틀에 대한 서론을 완결하며, 이 틀은 "꿈에서 본 환상"(dream vision)으로 알려져 있다. 우리가 또 한 가지 주목하는 것은, 처음에 소설의 얼개가 일인칭으로 서술된다는 점이다. 이 일인칭 화자가 삼인칭 시점에서 크리스천이라는 순례자 이야기를 풀어나가면서 이런 식의 서술은 거의 중단되지만, "그때 꿈속에서 나는 보았다"와 같은 표현으로 이따금 그 화자가 돌아오기도 한다.

서두 에피소드의 핵심은, 주인공이 한 책을 읽다가 그 책의 내용 때문에 마음이 크게 어지러워진다는 것이다.[2] 그렇게 심란해하던 중 "전도자라는 사람"이 다가와 저 멀리 어떤 문을 가리키며 그곳에 가서 도움을 청하라고 권한다. 크리스천은 이 조언에 따라, 멸망의 도

---

[2] 도입부에서 우리가 또 한 가지 바로 알아차릴 수 있는 것은, 본문의 표현이 계속 성경을, 특히 흠정역 성경을 연상시킨다는 점이다. 작품의 문체는 전반적으로 성경에 크게 빚지고 있으며, 이에 더하여 성경을 에둘러 암시(인유)하는 표현도 연속적으로 등장한다.
《천로역정》 초판본에는 본문 가장자리에 관련 성경 구절 몇 가지가 실려 있는데, 일단 이 관행이 정착되자, 다른 판본들도 본문 가장자리에 수백 개의 관련 성경 구절을 실었다. 오늘날, 학문적인 판본이든 "대중적인" 판본이든 대다수 판본이 그 관행을 따른다.

시라는 자신의 고향을 떠난다. 도중에 크리스천은 옹고집(Obstinate)과 팔랑귀(Pliable)라는 인물을 만나는데, 이들은 크리스천을 설득해 여정을 중단시키려 하고, 도움(Help)이란 또 한 인물은 마을 외곽에서 목숨을 위협하는 낙심의 늪(Slough of Despond)(진창)에서 벗어나는 법에 관해 크리스천에게 조언한다. 크리스천이 피해 가야 할 또 다른 인물로는 세상의 현인 씨(Mr. Worldly Wiseman)와 율법주의 씨(Mr. Legality)가 있다. 전도자가 크리스천을 도우러 와서 이 두 악한의 해로운 조언을 반박하면서, 멸망을 피할 길을 제공해 줄 그 문을 향해 계속 나아가라고 마지막으로 다시 한번 힘을 북돋아 준다.

해설

겉으로 보기에 단순해 보임에도 《천로역정》의 복잡함은 시작부터 우리를 덮친다. 인물과 장소를 포함해 모든 실제적 세부 사항들에 우리가 해독(解讀)해야 할 상징적 의미가 있다는 사실에 이 복잡성이 있다. 어떤 식으로든 완전한 해석에 접근한다는 것은 이 안내서의 범위 밖의 일이며, 모든 면에서 이것이 바람직하다. 그래야 《천로역정》 독자들과 이 안내서 독자들이 스스로 또는 소그

룹을 통해 활발하게 해석 작업을 완결하게 될 것이기 때문이다.

자서전식의 서두 단락은 풍유 혹은 상징 기법을 보여 준다.[3] 화자가 잠든 굴은 버니언이 허가 없이 설교한 죄로 투옥된 감옥을 말한다. 화자가 꾼 꿈은 그가 이제부터 들려주려는 상상 속 이야기다. 크리스천이라고 하는 "누더기를 걸친 남자"는 길을 잃고 어찌할 줄 모르는 상태의 뭇사람들을 말한다. 크리스천을 떨게 만드는 책은 성경과 성경의 죄론(罪論)이며, 그가 등에 짊어진 짐은 죄책과 죄의식을 상징한다.

풍유의 바퀴가 이제 작동함에 따라 우리는 누구든

---

[3] 《천로역정》은 (이따금 등장하는 주장처럼) 최초의 영어 소설이 아니다. 《천로역정》에는 풍유적 이름을 포함해 소설이라 하기에는 비현실적 요소가 너무 많다. 하지만 이 책에는 영어 본래의 사실주의를 느끼게 하는 요소가 곳곳에 배어 있으며, 이런 필치는 충분히 "소설적"이다. 이야기 초반 크리스천이 낙심의 늪에 빠질 때 이런 실생활의 요소 한 가지가 등장한다. 목숨을 위협하는 이 수렁은 버니언의 고향인 잉글랜드 베드포드 변두리에서 바로 찾아볼 수 있다. 베드포드는 펜스(Fens)라고 알려진 잉글랜드 늪지대에서 가까우며, 게다가 버니언 시대에는 시멘트나 아스팔트 길이 없었던 만큼 거의 모든 시골 동네에 진흙 구덩이와 늪이 있었다.

죄를 자각하는 사람이 보이는 태도를 목격하게 된다. 길 잃은 상태는 크리스천의 고향 마을이 상징하는데, 이곳은 멸망의 도시라 불리며, 거듭나지 못한 상태 혹은 길 잃은 상태에 있는 사람을 기다리고 있는 지옥의 운명을 가리킨다. 전도자는 어찌할 줄 모르는 상태의 크리스천이 앞으로 자기에게 닥칠 멸망을 피하려면 어떻게 해야 하는지 알려 주는 설교자 혹은 신앙 교사다. 이 탐구 여정에서 첫 번째 목적지가 되는 문은 죄 사함을 체험하는 길로 들어가는 입구를 가리킨다.

어떤 소설이든 처음 몇 페이지를 읽을 때 그렇듯, 첫 장에서는 더듬더듬 길을 찾아 나가다가 점차 이야기 전체를 지배하는 기본 원리를 이해하게 된다.[4] 옹고집과 팔랑귀라는 인물의 등장은, 크리스천이 계속 앞으로 나아갈 때 이런저런 인물들에게 영적 여정을 방해받을 것이며 이들의 말에 귀 기울일 경우 곁길로 빠져 탐구의 목적지에 이르지 못하게 되리라는 첫 번째 암시다. 문학 비평가들은 이런 인물들을 "걸림돌 캐릭터"(blocking character)라고 하며, 《천로역정》에서 이 인물들에게는 우리가 깊이 생각해 보아야 할 절묘한 신앙적, 도덕적 의미가 주어진다. 옹고집은 멸망의 도시를 떠나야 할 필요성을 도무지 인정하지 않으려 하고, 팔랑귀는 처음에는 크리스천과 동행해 그 도시를 빠져나오지만, 마을 끄트머리에서 낙심의 늪에 빠지자 곧 모험에 대한 의지를 잃는다. 이렇게 크리스천에게 바람직하지 못한 조언을 주거나 다른 식으로 그의 영적 진전을 방해하려고 하는 인물들이 전체 플롯의 한 가지 요소로 계속 등장한다.[5]

낙심의 늪이 이야기에 등장하면서 우리는 이야기 전체에 배어들 두 번째 모티프를 만난다. 바로 긍정적이든 부정적이든 도덕적, 영적 현실을 상징하는 실제 장소들이다. 낙심의 늪은 죄를 자각하는 데 따르는 절망을 상징

---

[4] "저기 좁은 문(wicket-gate)이 보입니까?" 전도자는 크리스천에게 묻는다. 좁은 문은 무엇인가? 《천로역정》의 거의 모든 독자는 좁은 문이란 이미지를 버니언의 이 책을 읽을 때 처음으로 마주한다. 문(gate)을 영국식으로 조금 색다르게 표현하는 말이라고 단순하게 받아들이면 제일 안전하다. 좁은 문은 건물 쪽으로 열려 있거나 아니면 들판 쪽으로 열려 있었을 것이다. 어쩌면 버니언은 들판 쪽으로 열린 문을 머리에 그리고 있을 텐데, 왜냐하면 크리스천이 그 문을 지날 때 선의(Godwill)라는 인물이 "이 문에서 멀지 않은" 바알세불 성을 가리키기 때문이다. 가장 중요한 점은, 버니언은 길 잃 상태와 구원받은 상태 사이에 구분점이 있다고 생각한다는 것이다. 《천로역정》의 이 부분과 관련된 성경 본문은 산상설교에서 예수가 "생명으로 인도하는 좁은 문"에 대해 말하는 구절이다(마 7:13~14).

한다. 도덕(Morality)이란 마을은 동료 인간에게 선한 행동을 해서 구원을 얻으려는 시도를 상징한다. 율법주의의 집은 그런 사고방식의 확장이다. 크리스천이 간절히 이르고자 하는 그 문 또한 상징적이지만, 이는 무언가 좋은 것, 즉 구원의 입구를 상징한다.

악한 조언자들과 상징적 장소에 더하여, 천국에 이르고자 하는 크리스천의 탐색 여정에 긍정적 영향을 끼치는 선한 인물들이 이야기 속에 연속적으로 등장한다. 전도자는 신학적 진리의 보고(寶庫)인데, 처음 몇 페이지에서 그는 길을 찾아나가는 주인공에게 절대 마르지 않는 영적 통찰의 샘이 되어 준다. 이 특별한 에피소드에서 전도자의 교육적 사명은, 율법주의(Legality) 같은 인물이 강요하는 태도에 마음을 두지 말라고 크리스천에게 조언

---

5 버니언이 창조한 풍유적 인물들은 명사와 형용사가 의인화된 이름으로 등장하는데, 처음에는 빈약한 캐릭터로 보일지 몰라도 이는 사실이 아닌 것으로 드러난다. 이 인물 유형들이 가리키는 영적 현실을 분석해 보면 복잡성이 드러나며, 게다가 이 현실이 한 사람의 영적 삶에 얼마나 위협이 되는지도 드러난다. 이 단원에서는 팔랑귀, 세상의 현인 씨, 그리고 율법주의 씨가 어떻게 사람의 관심을 다른 데로 돌려 영적 진보를 가로막는지를 생각해 보는 게 유익하다.

하고, 죄에서 구원받는 방법에 대한 신학적 진리를 그에게 가르치는 것이다. 도움(Help)이란 인물은 전도자에 비해 사소한 역할이지만, 길 잃은 상태에서 절망의 수렁에 끌려 내려가지 말라고 왕(율법 수여자라고도 불리는)이 사람들을 위해 지어 준 디딤판을 이용하는 법에 관해 크리스천에게 분별력을 전해 준다.

묵상과 토론을 위해

이야기의 상징적인 면을 분석하라고, 특히 세세한 이야기로 구현된 신학적 진리의 뉘앙스를 이해하라고 독자에게 요구한다는 점이 《천로역정》의 일부 특징이다. 그래서 《천로역정》은 그룹 토론에서 즐겨 찾는 책이 되어 왔다. 묵상과 토론의 주요 윤곽은 책의 단원마다 동일할 것이다. 즉 이런 저런 세부 사항은 무엇을 상징하는가, 그리고 이는 그리스도인의 삶에 관해 우리에게 무엇을 가르치는가? 물론 이런 질문에 대한 명확한 답변은 크리스천이 천상의 도시로 향하는 여정의 어느 국면에 있는지와 연결될 것이다. 이 도입부에서는 이 이야기가 인간의 타락 상태에 관해 무엇을 그리고 있는지 자세히 살펴볼 필요가 있다. 그런 다음 체험 단계로 나아가, 이런 현실은 우리와 이웃의 삶에서 어떤 모습으로 드러나는지를 알아보아야 한다.

좁은 문을 지나
해석자의 집에서
02

▼▼▼

줄거리

세상의 현인 씨와 율법주의 씨 같은 나쁜 조언자들이 상징하는 덫을 피해 나온 크리스천은 전도자의 말에 따라 옳은 길로 다시 들어선다. "시간이 흘러" 크리스천은 대망의 좁은 문 앞에 서서 문을 두드린다. 선의(Good-will)라는 인물이 문을 열어 주고, 크리스천은 안으로 들어간다. 크리스천이 지금까지의 여정 중에 있었던 믿을 수 없는 일들에 대해 간략히 설명하자, 선의는 그 연속된 실패 이야기를 듣고도 크리스천이 구원에서 배제되지 않는다고 안심시켜 준다. 짤막한 지시 장면에서 선의는 크리스천이 계속 나아가야 할 좁은 길을 가리킨다.

첫 번째로 들를 곳은 "해석자의 집"이다. 크리스천은 지시를 따르고, 지정된 집 문 앞에서 여러 번 문을 두드린 후 해석자의 허락을 받고 집 안으로 들어간다. 집 안의 어떤 방 벽에 "매우 근엄한 사람"이 책을 들고 있는 그림이 걸려 있다. "안내자가 될 권한"을 받은 사람의 이름이 명시적으로 언급되지는 않지만, 우리는 이 사람이 기독교 목회자를 상징한다는 것을 알 수 있다. 주인과 손님이 응접실로 들어서고, 여기서 해석자는 "하인을 불러 방의 먼지를 쓸라고 했다." 먼지가 사방으로 날리자, 하녀가 물을 뿌려 공기를 깨끗이 한다.[1]

두 사람은 방을 하나씩 하나씩 돌아다니는데, 어떤 방에 들어가서는 욕망(Passion)과 인내(Patience)라는 "사내아이 둘"을 본다. 또 어떤 방에 들어가니 벽을 뒤로 하고 불길이 타오르는데, 불길은 물로도 꺼지지 않는다. 벽 뒤에서 "한 남자가 손에 기름 그릇을 들고는" 불길에 기름을 붓고 있기 때문이다. 다음으로 크리스천은 경비가 삼엄해서 두들겨 맞은 후에야 들어가는 아름다운 궁전에 이른다.[2] 일단 안으로 들어간 크리스천은 어떤 남자가 철

---

[1] 여러 부분에서 《천로역정》은 작가의 청교도 신앙 및 기질을 보여 준다. 이 장에서는 사역자와 설교를 매우 존중하는 모습을 볼 수 있는데, 이는 청교도의 가치 기준과 완전히 일치한다. 어떤 학자가 한 번은 설교자를 가리켜 청교도 운동의 영웅이라고 했다.

창에 갇힌 채 이 비참한 상태에서 벗어날 가망이 없을 거라고 절망하는 모습을 본다.[3] 마지막 방으로 들어간 크리스천은 최후 심판에 대한 꿈을 꾸고 두려움으로 떠는 사람을 본다. 해석자의 집에서의 에피소드는 크리스천이 다시 여정을 시작하는 것으로 끝난다.

---

2 궁전으로 들어갈 때 크리스천이 매질을 당하는 광경은 당혹스럽다(《천로역정》 본문에서는 두들겨 맞는 이가 크리스천이 아닌 다른 사람으로 보이지만, 저자는 크리스천이 매질 당한 것으로 보고 있다 – 옮긴이). 이는 단순히 구원을 향해 길을 재촉하는 사람은 박해 당한다는 의미일 수도 있지만, "의로운 수고"나 율법(은혜와 반대되는)에 의지하는 태도 같은 것을 벗어버려야 한다는 상징일지도 모른다. 버니언은 이런저런 에피소드들로 우리를 애태운다는 점을 주목해야 한다. 버니언은 크리스천의 입에서 "이게 무슨 의미인지 저도 알 것 같습니다"라는 말이 나오게 할 뿐, 그 의미가 무엇인지는 밝히지 않는다.

3 해석자의 집에서의 마지막 순간들, 즉 "절망의 철창" 및 최후 심판을 두려워하는 남자를 중심으로 한 장면들은 그 이면에 긴 신학적 전통이 있다. 이 전통에 따르면, 죄 중에서도 최악의 죄는 절망이며, 이는 절망이 회개를 거부하며 자기 자신을 완악하게 하는 태도이기 때문이다. 스스로 하나님의 은혜의 영역 밖에 있다고 생각하는 것은 자신을 지옥에 처할 운명으로 만드는 것이다.

해설

 버니언이 많이 배운 사람이 아닌데다가 책의 문체가 단순하고 솔직해 보이기 때문에, 많은 이들이 《천로역정》은 읽기 쉬운 책일 것으로 생각한다. 하지만 2장을 읽어 나가다 보면 그런 생각은 사라진다. 형식 면에서 생각해 보면 2장은 막간의 사건으로, 1단계와 2단계 여정 사이에 한 집을 방문한 이야기다. 에피소드는 비교적 짤막하지만, 이야기가 앞으로 갔다가 뒤로 갔다 하는 것 같고 무언가의 끝인 동시에 다른 무언가의 시작 같기도 하다. 간단히 말해 이 부분은 이행(移行) 단계다.

 한편, 좁은 문을 지나는 것은 크리스천이 안전한 곳 입구를 향해 가는 플롯 첫 번째 단계의 목표다. 하지만 해석자의 집 방문은 크리스천을 재촉해 다음 단계 여정으로 나아가게 하는 것으로 끝난다.

 교훈("가르침") 목적을 가진 우화 서사의 관례가 이 에피소드에서 본격적으로 드러난다. 기본 수칙은, 사건이 아무리 흥미진진해도, 즉 너무 흥미진진해서 겉으로 보기에 페이지마다 놀라운 일이 벌어지는 모험담을 읽고 있는 것 같아도, 그 어떤 내용도 교훈적 목적과 동떨어져 존재하지 않는다는 것이다. 그 결과로 나타나는 한 가지 관습은, 누군가가 여행자에게 중요한 정보를 전해 주는 여러 장면을 진지하게 읽어나갈 필요가 있다는 것이다. 하지만 사건들이 이야기 주인공에게만 일어나지는 않는다. 사건은, 크리스천의 여정에 동행하는 우리에게도 일어난다. 끝없이 이어지는 장면들, 크리스천이 쉴 새 없이 만나는 인물들과 짤막한 신앙적 가르침 앞에서 우리도 눈이 어지럽다.

《천로역정》을 읽을 때는 버니언이 선택적 세부 묘사를 하는 부분을 분석해 보는 게 언제나 중요하다. 《천로역정》의 전체적 목적은 그리스도인의 체험의 성격을 설명하려는 것이지만, 우리가 그의 이야기에서 보다시피 버니언은 왜 그 체험의 특정 측면을 선택해서 묘사했을까? 어떤 집을 "해석자의 집"이라 부른다는 점이 많은 것을 말해 준다. 청교도들은 사람들이 기독교의 진리를 파악하는 것에 최우선 순위를 두었다. 우리가 그렇게 기독교의 진리를 파악하려면, 성경과 신학을 정확히 해석할 것이 요구된다. 그래서 순례자가 믿음의 진보를 이뤄 나가는 초기 단계에서 버니언이 해석의 중요성을 강조하는 것은 놀라운 일이 아니다.

이 장 여백에 있는 해설은 해석자의 집 방문 때 등장하는 구체적 세부 항목 몇 가지를 설명한다. 그 세부 묘사에서 몇 걸음 뒤로 물러나 큰 그림을 보면 다음과 같은 무언가가 드러난다. 크리스천은 여전히 등에 짐을 지고 있고(죄 및 길 잃은 상태를 상징하는), 크리스천이 선의에게 자기 짐을 벗어버리게 도와 줄 수 있느냐고 묻자, 선의는 "구원의 장소에" 이를 때까지는 짐을 계속 지고 있어야 한다고 대답한다. 이는 해석자의 집에서 크리스천의 경험을 구성하는 정보와 경고는 모두 구원을 위한 준비와 상관있다는 의미다.

그렇다면 짐을 벗을 수 있기 전에 크리스천은 무엇을 깨우쳐야 할까? 크리스천은 복음의 일꾼들이 설교하는 말씀은 신뢰할 만한 안내자라는 것을 알게 된다. 크리스천은 먼지투성이 방의 교훈을 깨우친다. 즉 아직 그리스도 안에 있지 않은 사람의 마음은 부패했다는 것, 그리고 율법은 마음을 깨끗하게 할 수 없다는 것이다(마음을 깨끗하게 하는 것은 복음만이 할 수 있는 일이다). 크리스천은 저 너머의 생명에 이르기 위해서는 인내가 요구된다는 것을(욕망과 인내의 에피소드에 구체화되었다시피), 선한 일로는 하나님 나라에 이를 수 없다는 것을, 하나님의 은혜를 받을 가능성에 대한 절망과 최후 심판에 대한 두려움은 사람을 무력하게 해서 천국을 잃게 만든다는 것을 깨닫는다.

묵상과 토론을 위해

버니언의 절묘한 화술의 진가를 알아보는 한 가지 방법은, 문자 그대로의 측면에서 우리를 사로잡을 뿐만 아니라 영적 현실과 연관되는 장면과 인물을 상상해 내는 그의 창의성을 깊이 생각해 보는 것이다. 이런 분석은 이야기로서의 이야기와 상관있다. 그런 다음에는 연속되는 행동의 단위들이 영적 삶에 관해, 그리고 특히 회심 전 삶의 영적 측면에 관해 무엇을 표현하는지를 분석해 볼 수 있다. 결과적으로 이는 두 가지 경로, 즉 버니언의 묘사와 서로 연관되는 성경의 말씀과 버니언이 묘사하는 현실을 우리가 삶에서 체험하는 방식을 통해 추적해 볼 수 있다.

해석자의 집에서
아름다운 집에 이르기까지의
험난한 여정
03

▼▼▼

줄거리

해석자의 집을 나선 크리스천은 "양쪽에 담이 둘러쳐진" 대로를 따라 걸었는데, 그 "담의 이름은 구원"이었다. 이어서 크리스천은 꼭대기에 십자가가 있는 한 언덕에 곧 이른다. 십자가에 다가가자, 크리스천이 등에 짊어지고 다니던 무거운 짐이 벗겨지며 열려 있는 무덤으로 굴러떨어진다.[1] 크리스천은 "기뻐서 세 번이나 펄쩍펄쩍 뛰고는 … 노래했다." 방금 벌어진 일을 마무리하려고 "광채 나는 존재" 셋(천사들일 가능성이 높다)이 크리스천이 겪은 영적 현실을 확증해 주는 말을 한다.[2]

하지만 밝아 보이던 이다음 구간 여정은 영적 진전의 방해물을 상징하는 일련의 인물들로 시작부터 반전을 맞는다. 크리스천이 "첫 파도"로 만나게 되는 이 인물들은 단순(Simple), 늘보(Sloth), 건방(Presumption), 형식주의자(Formalist), 위선(Hypocrisy)이다.[3] 영적 삶에서 이런 성향들이 상징하는 위험을 강조하려고 크리스천은 고생산(Hill Difficulty)으로 간다.[4] 크리스천은 기를 쓰고 산꼭대

---

[1] 개신교도의 입장에서, 십자가 밑에서 등짐이 벗겨지는 이 사건은 이생에서 한 사람에게 일어날 수 있는 가장 중요한 일이다. 이 사건은 단 한 번의 처리로 죄 사함을 받는 것으로 이뤄진다. 성경에서도 볼 수 있고 수 세기에 걸친 그리스도인들의 삶에서도 볼 수 있는 회심 사연은 이야기 속 이 순간에 크리스천에게 일어나는 일을 이해하는 **훌륭한** 배경을 제공한다.

[2] 《천로역정》에서 버니언은 영적 현실을 물질적 이미지나 상황에 투사하는 방식을 쓴다. 가장 단순하고 가장 여러 번 등장하는 사례는 버니언이 주요 등장인물로 내세우는, 의인화된 추상 개념이다. 하지만 영적 현실을 나타내는 그 외의 상징들도 많다. 예를 들어 죄는 무거운 짐으로 상징되고, 죄 사함은 그 짐을 벗어 버리는 것으로 상징된다. 버니언이 묘사하는 중요한 상징은 대개 평범한 사람들의 상상뿐만 아니라 성경에 뿌리를 두고 있다. 이런 상징을 탐구하는 데 없어서는 안 되는 자료는 《성경의 비유적 표현 사전》(*Dictionary of Biblical Imagery*)이란 중요한 참고서다(더 많은 자료에 대해서는 179~180쪽을 보라). 이 책에서 죄와 죄 사함에 관한 항목은 버니언이 죄와 죄 사함을 묘사하기 위해 고른 이미지들이 어떤 성경적 배경을 가졌는지에 대해 유익한 자료를 제공한다.

기로 올라감으로써 그리스도인다운 삶을 열심히 추구하는 모습을 보여 주고, 이어서 새로운 위험이 그의 앞에 닥치는데, 이번에도 의인화된 속성들이 이 위험을 상징한다. 그들은 바로 소심(Timorous)과 의심(Mistrust)이다.

또 한 번의 악몽 체험은, 크리스천이 잠을 자다가 "광채 나는 존재" 셋 중 하나가 준 두루마리(봉인된 종이, 천국에 입장할 수 있는 자격 증명서)를 잃어버렸음을 깨닫는다

---

3 형식주의자와 위선은 버니언의 청교도 체험에 뿌리를 둔 인물들이다. 이 두 단어(혹은 '위선자'라는 변형)는 사실은 그리스도를 구주로 믿지 않으면서 교회에 출석하고 기도문을 암송하는 등 그리스도인의 삶의 겉모양만 보여주는 사람들을 가리키기 위해 청교도들이 쓰는 단어였다.

4 버니언이 창작해 낸 수많은 세세한 장면들은 문학적 원형의 영역에 속한다. 즉 문학 작품에 자주 등장하는, 문학적 상상의 주된 이미지들이다. 이 보편적 패턴은 문학 작품뿐만 아니라 삶에서도 재현되지만, 문학에서 이 패턴은 우리가 즉각 알아볼 수 있는 방식으로 윤곽이 드러난다. 고생산이 그런 이미지 중의 하나다. 밀턴의 소네트 9번은 고결한 젊은 여성을 찬미하여 쓰였는데, 고생산 모티프로 시작하는 이 작품은 《천로역정》의 이 에피소드와 병행하여 읽을 수 있는 훌륭한 읽을거리가 되어 준다. 생각나는 다른 좋은 예가 또 있는가?

는 것이다. 그래서 크리스천은 왔던 길을 되돌아가 두루마리를 되찾고 걸음을 재촉한다. 크리스천이 마침내 아름다운 집에 이르자 문지기가 그를 들여보내 준다.

해설

크리스천의 여정에서 이 구간은 매우 중요하지만, 그에 걸맞지 않게 이 구간에 주어진 공간은 얼마 되지 않는다. 십자가 밑에서 죄의 짐을 벗은 것은 《천로역정》 전반부의 가장 중요한 사건 두 가지 중 하나다(다른 하나는 크리스천이 천국에 들어가는 것이다). 여태까지 크리스천에게 닥친 영적 진보의 장애물들이 회심 전 삶의 모습을 그렸지만, 지금 발생한 장애물은 그리스도인다운 삶으로 회심한 사람의 영적 진보를 방해하는 것들을 가리킨다.

여행담이라는 면에서, 이 에피소드에 등장하는 물리적 사건들은 목적지에 이르고자 하는 사람에게 하나의 위협이다. 그렇게 보면, 이 장에서 일어나는 사건들은 여행자라면 누구에게나 닥치는 일들과 비슷하다. 정신을 산만하게 만드는 인물들, 바람직하지 않은 조언을 하는 사람들, 여행에 따르는 물리적 시련들, 잠자느라 시간을 허비하는 것, 여권을 잃어버리고 이를 찾으려고 왔던 길을 되돌아가는 것 등 말이다. 이런 면에서 이 단원은 버니언이 그리는 악몽 구간 중 하나다.

물론 이 두 번째 구간의 여정은 영적인 차원에서 전개된다. 이 단원에서 크리스천이 만나는 모든 사람과 그가 겪는 물리적 난관은 그리스도인들의 영적 행보 앞에 닥치는 유혹을 가리키는 것으로 보아야 한다.

묵상과 토론을 위해

풍유와 관련해 버니언의 의도는 어떤 그리스도인의 삶에든 닥칠 수 있는 영적 성장의 방해물 그 참모습을 우리에게 그려 보이려는 것이다. 세부적인 내용 중 특히 어떤 것에 공감하는가? 크리스천의 회심 직후 모습은 내가 아는 다른 사람들의 경험과 어떻게 비슷한가? 버니언은 왜 그 풍유적 이름이 상징하는 특정한 영적 악을 골라서 묘사했을까? 버니언이 의인화한 악덕에는 실생활의 어떤 체험이나 관측이 구현되어 있는가?

아름다운 집

04

▼▼▼

줄거리

앞 장은 크리스천이 잠에서 깨어나 다시 길을 가다가, 두루마리를 잃어버린 것을 깨닫고 왔던 길을 되돌아가(시간을 낭비하며) 두루마리를 되찾은 뒤, 먹이를 찾는 짐승들에게 공격당할 염려가 있음에도 어둠으로 들어가는 것으로 끝난다. 심지어 사자 두 마리가 크리스천을 향해 으르렁거리는 소리까지 들린다.[1] 그러나 그때 돌연 크리스천은 아주 장엄한 궁전이 눈앞에 서 있는 것을 보는데, 궁전의 이름은 "아름다움"이었다. 지킴이(Watchful)라는 이름의 문지기가 용기를 내서 집으로 다가오라고 고함을 지르자, 크리스천은 서둘러 궁전 문으로 나아간다.

크리스천이 집 안으로 들어선 후 문지기는 그를 신중(Discretion)이란 처녀에게 넘겨준다. 그 후 궁전에 사는 세 처녀가 주요 역할을 맡는다. 이들의 이름은 경건(Piety), 분별(Prudence), 자애(Charity)다. 도착한 날 밤, 크리스천과 의인화된 이 세 인물과의 대화가 이야기를 이끌어간다.[2] 대화 중에 크리스천은 지금까지의 여정을 요약해서 들려주고,[3] 그 결과 우리는 이 이야기에서 같은 사건을 두 번 경험하게 된다. 대화의 두 번째 구성요소는 세 자매가 크리스천에게 영적 체험이나 삶(가정생활을 포함

---

[1] 크리스천이 아름다운 집에 도착하기 직전 위험한 여정의 구체적 내용은, 사자 두 마리가 으르렁거리고 있는데 사실 이 사자들은 사슬에 묶여 있었다는 것이다(어두워서 크리스천이 이를 알아보지는 못하지만). 문학가들의 사자 해석은, 풍유적 이야기를 다룰 때 허용되는 해석의 범위가 어디까지인지를 시사한다. 어떤 편집자는 사자가 "세상의 악한 사람들"을 말한다는 일반적 의미에 만족한다. 이런 해석의 반대편 끝에는 사자 두 마리가 비국교도(청교도)에 대한 민간[정부]과 교회[잉글랜드 국교회] 당국의 박해, 버니언이 《천로역정》 집필을 마칠 때쯤 완화된 박해(그래서 사자는 사슬에 묶인 상태로 묘사된다)를 상징한다는 견해가 있다.

[2] 아름다운 집에서의 에피소드 같은 매우 풍유적인 교훈 장면에서도 버니언은 자신이 여행기를 쓰고 있다는 사실을 잊지 않는다. 그에 따라 도착, 환대, 식사, 대화, 휴식, 그리고 다시 출발이라는 의례에 주의를 기울여서 공들여 묘사한다.

해)에 관해 던지는 질문이다.[4]

다음 날 아침은 크리스천을 가르치는 일에 할애된다. 이들은 크리스천에게 "그 집의 기록물"을 읽어 주어 믿음의 영웅들에 대해 알려 준다. 같은 맥락에서, 크리스천은 그 집의 병기 창고를 방문해 믿음의 영웅들이 어떤 무기를 가지고 하나님을 위해 큰일을 이루었는지를 알게 된다. 자매들이 한사코 멀리 있는 유쾌한 산(Delectable Mountains)을 보여 주겠다고 해서 크리스천의 궁전 체류

---

3 여행자가 쉼터에 도착하면 그곳 주인을 위해 그 시점까지의 자기 사연을 들려주는 것이 여행 이야기의 관례다. 예를 들어 오디세우스는 파이아케스에 머무는 동안 자신의 모험담을 풀어 놓는다. 하지만 이 경우, 아름다운 집의 여인들이 크리스천의 영적 순례에 관해 하는 질문에는 그 이상의 무언가가 진행되고 있다. 이 정황에는 영적 자기 검토(자신의 영적 상태를 찬찬히 살피기)와 그리스도인들 간의 의논(영적인 일들에 관해 동료 그리스도인들과 나누는 대화)이라는 청교도의 관습이 포함된다.

4 버니언이 어떤 일정한 세부 묘사에서 명시적으로나 암시적으로 언급하는 성경 구절을 찾아보는 것도 언제나 도움이 된다. 이 성경 구절들은 이야기를 구성해 나가는 과정에서 버니언이 무엇을 머릿속에 그리는지 알 수 있게 해 주고, 세부 묘사가 초점을 잃지 않으면서 깊이를 더하게 해준다.

가 연장된다. 신중, 경건, 자애, 분별이 계곡 가장자리의 집에서 나와 멀리까지 크리스천을 배웅하면서 궁전 방문은 마침내 마무리된다.

해설

이야기의 리듬이 이제 제대로 자리를 잡았는데, 이는 호메로스의 《오디세이아》와 에드먼드 스펜서의 《요정 여왕》(Faerie Queene)에서부터 C. S. 루이스의 《나니아 연대기》와 톨킨의 《반지의 제왕》에 이르기까지, 여행기의 보편적 패턴이다. 이 리듬은 경로를 따라 여정이 이어지다가 대개 어떤 집이나 왕궁이나 성 같은 곳에서 잠시 휴식하는, 예측할 수 있는 움직임이 반복되는 것을 말한다. 여행자는 이야기 초반에 도착하고 끝부분에서 다시 길을 떠나며, 그사이에 그 일시적 거처에 잠시 머문다. 여기서 주된 활동은 고단한 여행자가 원기를 회복하여 심신을 새롭게 하고, 여행자는 물론 독자에게도 똑같이 어떤 교훈이 주어지는 것이다. 이 중 두 번째 특징은, 교훈을 주려는 작가의 목적이 이야기에 군데군데 산재된 이 막간의 시간에 아주 명백히 드러난다는 의미다. 버니언은 세 자매가 "시간을 최대한 활용하려고" 저녁 식사 전에 크리스천과 대화를 나눈다는 말로 이를 암시한다.

 크리스천뿐만 아니라 독자인 우리에게 이 아름다운 집 방문이 주는 교훈은 신중, 경건, 분별, 자애라는 인물들의 이름에서 일부 찾아볼 수 있다. 이들은 그리스도인다운 삶의 필수적 덕목이라는 것을 우리는 자연스럽게 알게 된다. 마찬가지로 크리스천이 다시 시작한 여정도 그리스도인다운 삶의 어떤 측면, 특히 순례자의 여정을 위협하는 함정들을 강조하는 역할을 한다. 우리는 믿음의 영웅들에 관해서 받은 정보(기록물들과 병기 창고)를 통해 그리스도인다운 삶에 대해 더 많이 알게 된다. 마지막으로, 임마누엘의 땅에 있는 유쾌한 산을 얼핏이나마 보게 되면 순례자는 물론 우리 또한 그리스도인의 삶의 목표를 떠올리게 된다.

 이 에피소드에는 사회적 차원도 있다. 먼저 이 장면에서 여성들의 역할이 두드러진다는 점에 주목해야 한다. 이 집을 지역 교회와 그리스도인 공동체로 보면 이들의 존재가 자연스러워 보인다. 여인들의 이름은 그리스도인들 간의 교제에서 우리가 어떤 식으로 새롭게 되어야 하는지 그 구체적 유형을 보여 주는 그림이다. 이 청교도적 분위기는, 으르렁거리지만 사슬에 묶여 있는 것으로 밝혀진 사자 두 마리로 더 강화된다. 이 사자들은 정부의 권위 및 버니언 자신 같은 비국교도(청교도) 그리스도인들에 대한 잉글랜드 국교회의 진절머리 나는 간섭을 상징할 수 있다.

묵상과 토론을 위해

여정 중의 에피소드는 영적 삶에 관한 상징과 짝을 이루어 모험의 즐거움을 배가시켜 주는 데 반해, 길을 가다가 군데군데 쉴 수 있는 곳(대개는 어떤 유형의 집들)을 찾는 것은 비교적 일차원적이다. 아름다운 집 방문을 통해 여정을 진척시키는 광경에 처음부터 끝까지 배어 있는 질문은 '이런 다양한 세부 묘사에서 우리는 그리스도인다운 삶에 관해 무엇을 배우는가?'이다. 이어서 버니언이 구체적으로 설명하는 세부 내용은 그리스도인다운 삶의 본질을 통찰하고 이를 표현하는 도구 역할을 하는데, 이 세부 설명이 구체적일 뿐만 아니라 다양하기도 하다는 점에서 우리는 작가로서의 그의 역량을 탐색할 수 있다. 추가적으로, 버니언이 그리스도인다운 삶에서 어떤 측면을 골라서 이야기에 포함했는지 생각해 볼 때 뭔가 놀라운 점이 있는가?

굴욕과 사망의 그늘의 골짜기

05

▼▼▼

줄거리

아름다운 집에서의 장기 체류 뒤 여정이 다시 시작될 때 버니언은 아볼루온이란 괴물과의 본격 서사시 유형 전투 광경을 묘사해 보인다.[1] 이 에피소드는 픽션에 등장하는 전투 중 최고의 단일한 전투 장면이라고 꼽힐 만하다. 이 장면에는 적(여기서는 괴물)에 대한 물리적 공포, 도전과 모욕을 주고받기, 물리적 전투에 대한 세세한 설명, 두 전투자 사이에 기세가 오르락내리락하는 모습, 양측의 포효, 악한이 마침내 부상하는 모습, 승리에 감사하는 전장(戰場) 등 서사시의 통상적 모티프가 다 등장한다.

하지만 아볼루온과의 전투는 이 장에 등장하는 두 가지의 공포스러운 장면 중 하나일 뿐이다.[2] 버니언은 크리스천이 "이어지는 장면"에서 "아볼루온과 싸울 때보다 더 심한 어려움을 겪었다"라고 한다. 이는 크리스천이 사망의 음침한 골짜기라고 하는 곳을 통과한 것을 말한다. 이곳은 지옥으로 통하는 입구까지 있는, 전형적으로 악한 곳이다. 크리스천은 화염이 타오르고, 끔찍한 소음이 들리고, 마귀 떼가 자신에게 달려드는 그런 공포스러운 곳을 통과한다. 크리스천은 성경의 약속에서 위로받으며, 날이 밝자 "홀로 가는 길의 그 모든 위험에서" 구출되었음을 깨닫는다. 골짜기 끝에서 순례자는 "사람들의 피,

---

1 이 장은 공포물 장르에 속한다는 것을 처음부터 바로 이해할 필요가 있다. 겉으로 보기에 버니언은 문학비평가들이 말하는 '공포를 위한 구상'을 중심으로 이야기를 구축하는데, 이는 크리스천이 맞닥뜨리는 무서운 일들을 우리가 상상으로 다시 체험해 보기를 버니언이 바란다는 뜻이다. 고대 영어로 쓰인 서사시 《베오울프》에서 베오울프가 세 괴물을 상대로 싸움을 벌이는 이야기는 이 장을 제대로 음미하기 위한 훌륭한 병행 독서가 될 수 있다.

2 괴물의 이름은 아볼루온이다. 이는 '파괴자'를 뜻하는 그리스어 단어이며, 이 이름을 가진 자가 무저갱의 왕임을 요한계시록 9장 11절에서 확인할 수 있다. 버니언이 묘사하는 무시무시한 괴물은 그가 익히 아는 중세 기사 모험담, 욥기 41장의 리워야단 및 요한계시록의 다양한 괴물들에 대한 묘사를 포함해 성경 여러 부분에서 볼 수 있는 세부 묘사를 합성한 것이다.

뼈, 재, 토막난 시체" 더미뿐만 아니라 "옛날에 교황과 이교도 두 거인이 살던" 동굴을 발견한다. 골짜기에서 올라오던 크리스천은 믿음이라는 동료 여행자를 만난다.

해설

순수한 이야기의 차원에서 이 두 에피소드는 버니언의 가장 독창적인 창작물에 속한다. 이 두 에피소드는 최고의 서사시이자 모험담으로 자리매김하며[3], '판타지'로 알려진 문학 장르의 승리다. 버니언이 이 장을 써나갈 때 요한계시록이 그의 상상에 영향을 준 것이 틀림없다. 사망의 음침한 골짜기[4]를 지나는 여정 또한 한편으로 "칠흑같이 어두운" 곳과 "깊은 도랑"이 있는 길, 그리고 또 한편으로 "매우 위험한" 늪 혹은 수렁[5] 같은 전형적 세부

---

[3] 작가가 특정 성경 구절을 바탕으로 어떤 에피소드를 설계할 때, 문학 비평가들은 성경이 '서브 텍스트' 기능을 하면서 작가의 창작품 속에 존재한다고 말한다. 사망의 음침한 골짜기를 통과하는 크리스천의 모습을 그려내는 버니언의 이야기에서는 시편 23편이 서브 텍스트 역할을 하는 게 틀림없다. 텍스트 간의 상응(相應)을 이해하는 것이 이 에피소드에 접근하는 바람직한 방식이다.

묘사로 가득해 긴장이 고조된다. 이 장에 등장하는 이런 모험은 괴물과 위험 앞에서 어린아이처럼 솔직하게 무서워하는 모습을 요구한다. C. S. 루이스가 에드먼드 스펜서의 풍유시 《요정 여왕》에 대해 논평했던 말은 《천로역정》에도 똑같이 적용된다. 즉 이런 이야기는 이중적 반응을 요구하는데, 하나는 어린아이 같은 태도이고 또 하나

---

4 단테의 《신곡》 중 '연옥' 편을 잘 아는 사람이라면, 순례자가 지옥을 통과하는 여정을 그려내는 단테의 이야기와 크리스천이 사망의 음침한 골짜기를 지나는 여정 사이에 유사점이 있음을 발견할 것이다. 버니언이 단테를 읽었을 리는 없지만, 이 안내서에서 이미 언급했다시피 영적인 악의 영역을 통과하는 여정 같은 문학 장르의 전통은 한 작가가 또 한 작가에게 끼치는 영향과 전혀 별개로 존재한다. 단테가 그려낸 이야기를 익히 알면, 버니언의 작품 이 장에서 보게 되는 장면에 유익한 길잡이가 될 수 있다.

5 생명으로 이어지는 좁은 길 한쪽 편의 도랑과 또 한편에 있는 수렁(늪)에 특정한 상징적 의미를 부여하고자 한다면, 첫 번째의 도랑은 신학적 오류를 말하고, 두 번째의 수렁은 육신의 죄(부도덕하게 육체의 욕구에 탐닉하기)를 말하는 것으로 여기는 게 안전할 것이다. 교황과 이교도라고 하는 두 거인은 멸망으로 이어지는 교리적 이단을 상징한다.

는 세부 묘사의 풍유적 의미를 파악할 수 있는 세련된 지적 역량이다.

풍유의 차원에서 우리 앞에는 성경이 "정사와 권세"라고 부르는 악의 힘이 어떤 모습인지 그려진다. 수다쟁이와 소심이라 불리는 사람들이 상징하는, 그리스도인의 믿음을 훼방하는 비교적 교묘한 장애물들은 이 거대한 위협에 비교하면 다소 무기력해 보인다. 이 장에서 크리스천이 통과하는 위험은 인간 차원의 위험을 넘어선다.

묵상과 토론을 위해

이야기 면에서 이 장의 두 에피소드를 제대로 감상하려면 고전적 서사시와 중세의 모험담, 그리고 C. S. 루이스와 톨킨의 소설에서 이와 유사한 이야기들을 떠올려 보는 게 좋다. 같은 문학 장르에서 몇 가지 병행 구절들을 읽어 본다면, 버니언의 성취가 더 크게 다가올 것이다. 그런 다음에는 모험담의 실제적 세부 묘사와, 한 사람의 영적 삶에 닥치는 위험 및 그 위험을 극복하는 수단에 관해 버니언이 하는 말 사이의 상관관계를 도출해 낼 필요가 있다.

믿음과 함께 가는 길에서

06

▼▼▼

줄거리

사망의 음침한 골짜기를 빠져나가면서 크리스천은 믿음(Faithful)이란 옛 지인을 만나는데, 독자인 우리에게는 새로운 인물이다. 믿음은 크리스천과 같은 동네(멸망의 도시) 출신이다. 6장은 뚜렷이 구별되는 두 부분으로 나뉘어 전개된다.

전반부는 주로 믿음이 발언하는 긴 대화로 이뤄진다. 먼저 믿음은 크리스천이 순례에 나선 후 멸망의 도시에 어떤 일이 있었는지를 자세히 이야기한다.[1] 주된 사건은 팔랑귀가 천상의 도시를 향해 가다가 도중에서 고향으로 돌아온 후 조롱을 당한 일이었다. 이어서 믿음은 고향을 떠나 현재 순간에 이르기까지 자신의 여정을 상세히 이야기한다. 가장 흥미로운 부분은 탕녀(Wanton)라는 헤픈 여자와 고생산 밑의 첫 아담이라는 남자의 손아귀에서 간신히 빠져나온 일이었다.[2] 전에 크리스천이 그랬던 것처럼 믿음도 잠이 들었다가 두루마리를 잃어버렸다고 했다. 물론 믿음도 굴욕의 골짜기를 지나왔고, 나름의 유혹을 견뎌냈다(특히 수치Shame 라는 인물이 제시하는 유혹). 대화는 크리스천이 사망의 음침한 골짜기에서 겪은 일을 간략하게 이야기하는 것으로 끝난다.

---

1 버니언은 《천로역정》 1부에서 개인주의적 구원 개념을 주장한다고 이따금 비난받으며, 또 일부 독자들은 크리스천이 가족을 두고 떠나는 광경을 못마땅해한다. 하지만 《천로역정》은 이야기의 큰 줄거리가 본질상 영적인 성격을 띠는 풍유적 작품이다. 버니언이 말하고자 하는 것은, 모든 영혼 하나하나가 다 구원받아야 한다는 것이다. '외톨이'표 기독교를 신봉한다는 오해가 있을 수 있자 이를 불식시키려고 버니언은 주인공을 지지하는 동료 그리스도인을 상징하는 여행 친구들을 이야기 속으로 끌어들인다. 믿음은 그런 동행 중 한 사람으로, 크리스천의 순례 여행에 공공의 측면을 제공한다.

2 고생산 아래서 믿음이 만난 첫째 아담이라는 인물은 신학적 의미가 담긴 상징이다. 이는 첫째 아담 안에서 모두가 타락했고 둘째 아담(그리스도)을 통해 사람들이 구원받는다는 신약성경의 설명에 바탕을 두고 있다. 첫째 아담은 인간의 공로를 통해 구원을 얻으려는 헛된 시도를 나타낸다. 이와 함께 읽으면 좋은 성경 구절로는 로마서 5장 12~21절과 고린도전서 15장 21~22절이 있다.

이 긴 회상 장면 후 후반부에서는 크리스천과 믿음의 이후 여정으로 초점이 옮겨간다. 두 사람의 첫 만남에는 수다쟁이가 함께 있다. 수다쟁이가 누구인지 모르는 믿음은 그에게 함께 가자고 청하는 실수를 저지른다. 믿음이 잘한 것은, 수다쟁이가 신앙에 관한 주제라면 무슨 이야기든 할 수 있는 사람이고 진정한 영적 체험보다는 말이 앞서는 사람이라는 것을 곧 알아차린다는 것이다. 믿음과의 은밀한 대화에서 크리스천은 수다쟁이를 길게 비난하고, 그리스도인다운 삶을 살지 않고 말로만 그 삶을 이야기하는 위험에 관해 긴 논의가 이어진다. 크리스천과 믿음은 이렇게 "따로" 이야기를 나눈 뒤 다시 수다쟁이와 함께 걸으면서 여러 가지 신앙적 문제를 주제로 토론한다. 수다쟁이는 진정한 경건 면에서 자신의 밑천이 드러났다는 것을 마침내 깨닫게 되고, 그래서 크리스천과 믿음 두 사람과 헤어진다.

전도자가 뜻밖에도 이야기에 다시 등장할 때 우리는 두 순례자와 함께 안도감을 느낀다. 전도자는 끝까지 견디며 천상의 도시까지 가라고 두 순례자의 사기를 북돋아 준다. 또한 전도자는 앞으로 만날 위험에 대해서도 경고한다.

해설

이 지점에 이르기까지 이 이야기의 교훈적인 장면은 주로 크리스천이 중간중간 시간을 보낸 집에서 있었던 일들이다. 그런데 이 장에서 두 여행자가 길을 따라가면서 나누는 긴 대화 구간에는 행동과 교훈이 혼합되어 있다.

C. S. 루이스는 자신의 책 《시편 사색》(Reflections on the Psalms, 홍성사 역간)에서 예술의 본질적 원리를 주제와 변주라고 정의한다. 같은 것을 다르게 표현한다는 것이다. 이는 믿음이 멸망의 도시를 나와 굴욕의 골짜기를 지나온 과정을 이야기하는 서두의 회상 장면에서 작동하는 전제다. 믿음은 크리스천이 앞서 지나간 곳을 통과하지만, 그중 몇 곳은 우회해서 가기도 한다. 믿음이 자기 이야기를 들려 줄 때 우리는 크리스천의 경험과 일부 비슷하되 어떤 면에서는 크리스천의 경험과 전혀 다른 광경을 점차 짜 맞추어 간다.

예를 들어, 믿음은 낙심의 늪은 그럭저럭 쉽게 빠져나왔지만, 좁은 문으로 가는 길에 탕녀라는 여인이 그를 성가시게 했다. 믿음은 크리스천을 향해 으르렁거렸던 사자들 앞을 잘 지나갔지만(사자들은 이번에는 잠자고 있었다), 크리스천과 대조적으로 아름다운 집 앞에서도 가던 길을 멈추지 않았다. 왜냐하면 그곳에 낮에 도착했기 때문이다. 굴욕의 골짜기에서 믿음이 마주친 공포는 크리스천이 그곳에서 견뎌낸 공포와 전혀 달랐다. 가장 주의를 산만하게 한 것은 수치(Shame)라는 인물이었는데, 그는 영적 실패에 대한 수치심을 자극해 일시적으로 믿음을 맥빠지게 했다. 요약하자면, 믿음은 크리스천의 여정에 상응하는 자신의 여정을 이야기하면서 그와 동시에 그 둘 사이의 차이점에 관해서도 이야기하고 있으므로 이를 들을 때 우리는 정신을 바짝 차리고 있어야 한다.

7장으로 넘어가면서 이야기의 방향이 바뀐다. 과거 시제로 진행되던 지난 여행 이야기를 뒤로 하고 이제 우리는 현재 순간에 몰두하게 된다. 이 구간 여정의 주요 구성 요소는 수다쟁이라는 풍유적 인물이 제공한다.[3] 어느 면에서 수다쟁이는 사람을 풍자적으로 조롱하고 꾸짖는 익살스런 유형으로, 살면서 우리 모두가 만나 본 적 있는 사회적 병폐다.[4] 하지만 《천로역정》에서 늘 그렇듯이 어떤 행동의 문자적이고 사회적인 면은 영적인 면까지 구체화해서 보여 준다. 우리 시대 표현을 쓰자면, 수다쟁이는 말만 번지르르 할 뿐 행동은 하지 않는다. 수다쟁이는 신앙적인 일에 아주 관심이 많으며 그 일들에 관해 막연하게 말은 할 수 있다. 하지만 앞서 등장한 인물인 형식

3 놀랍게 여겨지겠지만, 수다쟁이의 모습은 회심 전의 버니언이 어떠했는지 보여 주는 자화상일 수 있다. 버니언은 자전적(自傳的) 작품 《죄인의 괴수에게 넘치는 은혜》(CH북스 역간)에서 그 이야기를 한다. 어느 날 버니언은 길을 가다가 "하나님의 일에 관해 이야기하는" 네 여인 옆을 지나게 되었다. "신앙 문제에 관해서⋯ 입담꾼이었던 나는 여인들이 뭐라고 말하는지 들으려고 가까이 다가갔다. 그런데 듣기는 들었는데 이해하지는 못했다고 말해야 할 것이다." 여인들이 "새로운 탄생, 하나님이 자신들의 마음속에서 이루시는 역사"에 관해 하는 말을 듣고 버니언은 자신이 그리스도인의 삶에 관해 얼마나 아는 게 없는지 깨달았다. 이 에피소드에 등장하는 수다쟁이라는 인물에게서 이런 모습을 볼 수 있다.

4 《천로역정》은 너무도 진지한 책이기 때문에 익살스러운 요소가 잠재되어 있다가 이따금 표면에 떠오르는 것을 간과하기 쉽다. 익살은 주로 버니언이 그리는 풍유적 인물 속에 숨어 있다. 수다쟁이는 익살스러운 유형에다가 풍자적 초상이다(어리석은 사람을 조롱한다는 의미에서의 풍자). 수다쟁이는 우리가 다 알고 있는 사회적 병폐로, 쉼 없이 입을 놀려서 다른 사람을 감동하게 하는 게 아니라 주로 자기 자신이 감동하는 사람이다. 버니언은 수다쟁이를 달변(Say-well)의 아들이요 말 많은 거리(Prating Row-"공론의 거리"와 똑같은)에 사는 사람으로 그림으로써 해학(諧謔)을 배가시킨다. 버니언의 독창성은 이런 익살스러운 사회적 유형을 크리스천의 영적 순례라는 맥락 속에 집어넣음으로써 피상적 대화가 영적 삶에 얼마나 방해가 될 수 있는지 생각하게 만든다는 데 있다.

주의자와 마찬가지로 수다쟁이는 그리스도 안에 있는 새 생명을 전혀 모르는 사람이다. 수다쟁이의 모든 경험은 마음으로 아는 지식이 아니라 머리로 아는 지식이다. 크리스천과 믿음 두 사람 모두에게 수다쟁이는 심히 정신을 산만하게 하는 존재다.

이 장 끝에 전도자가 다시 등장하면서 신선한 공기를 호흡하게 된다. 전도자는 그리스도인의 삶에 관해 분별력을 제공해 주는, 마르지 않는 샘이다. 버니언이 이 지점에서 전도자를 다시 등장시키는 것은 순례자들에게(그리고 독자인 우리에게) 이 여정의 목표를 일깨우기 위해서다. 따라서 전도자는 여정이 끝날 때까지 참고 버티는 이들에게 약속된 상급을 명확히 그려 보여 준다. 또한 전도자는 이윽고 나타날 허영이라는 동네에 관해 불길한 경고도 한다.

묵상과 토론을 위해

《천로역정》에서는 이름이 늘 중요하며, 그래서 이름 분석은 이 장뿐만 아니라 다른 어느 장에서든 유익한 작업이다. 여기서 이름은 인물과 장소 모두를 포괄한다. 이름 자체에 상징적 의미가 있으며, 그리스도인의 삶에 관한 해설이다. 그렇다면 그 의미와 해설은 무엇인가? 좀 더 구체적으로, 천상의 도시를 추구하는 그리스도인에게는 무엇이 장애물이고 무엇이 주의를 산만하게 하는가? 전체적으로, 이 장에서 우리는 그리스도인의 삶에 관해 무엇을 배우는가?

허영 시장

07

▼▼▼

줄거리

크리스천과 믿음과 수다쟁이 사이의 긴 대화는 책 속에서 "광야"라고 일컫는 곳을 지나는 길에서 이뤄졌다. 앞 장에서는 다음번 걸음을 멈추는 곳이 허영(Vanity)이란 동네일 거라고 이미 우리에게 경계시켰는데, 이 동네에는 일 년 내내 허영 시장(Vanity Fair)이란 장이 섰다.[1] 이곳에 대한 별로 좋지 않은 느낌은 크리스천과 믿

---

[1] 《천로역정》은 판타지라는 문학 장르에 속하지만(겉으로 드러나는 대부분의 세부 묘사가 우리가 일상의 세계에서 접하는 일들이 아니기에), 그럼에도 이 책에는 한 세기 후 소설의 등장을 예견하는 몇 가지 특질들이 있다. 이 소설적 기법을 구성하는 것은 문학적 사실주의 혹은 현실과의 유사성(lifelikeness)이다. 허영 시장이 버니언이 실제로 알고 있던 지역 시장을 모델로 한다는 것은 잘 알려진 사실이다.

음이 이곳에 도착하자 즉시 확인된다.

　　허영 시장은 값싸고 겉만 번지르르한 사람들과 물건과 행동이 있는 곳이다.[2] 순례자들이 이곳에 도착하자 이들의 차림새, 이들이 쓰는 말, 시장에서 파는 상품에 전혀 관심 없는 태도 때문에 곧 주민들의 이목이 쏠린다. 동네 주민들과 시장의 상인들은 누구라도 자신들의 가치관과 생활 방식에 순응하기를 기대하기에 나그네들의 이런 태도는 곧 문제가 된다. 크리스천과 믿음은 처음에는 조롱당하다가 이내 두들겨 맞고, 급기야 옥에 갇힌다. 두 사람이 매우 본이 될 만한 방식으로 처신하자 마을 사람 몇몇이 이들을 가련히 여기기 시작하고, 그리하여 허영 성읍에 분열이 생긴다.

───────

[2] 이야기 속 사건의 사실주의에 대한 부연으로서, 우리는 허영 시장 에피소드에서 버니언이 사회 비평 혹은 사회 비판을 하고 있다고 말할 수 있다. 이는 버니언이 비판적 시점에서 당대 사회의 현실을 그린다는 뜻이다. 그렇게 사회를 비평하는 데 쓰이는 문학적 장치는 풍자(인간의 악덕이나 어리석음을 폭로하는 것)이다. 버니언이 공격의 대상을 나타내는 용어로 고른 것은 허영(vanity)이며, 책 속의 맥락에서 이는 헛됨(emptiness)을 의미한다. 이 표현의 출처는 아마 전도서의 유명한 구절 "헛되고 헛되니 모든 것이 헛되도다"(전 1:2)일 것이다.

이 모든 사태의 결과로 크리스천과 믿음은 결국 공식 재판을 받게 된다. 두 사람을 고발하는 이들은 시기(Envy)와 미신(Superstition) 같은, 풍유적으로 의인화된 사람들이다. 배심원들도 똑같이 비열하다(불량 씨 Mr. No-good, 악의 씨 Mr. Malice, 무자비 씨 Mr. Cruelty 등과 같이). 이 악한 법정의 재판장은 선 싫어 경(Lord Hate-good)이다. 믿음은 유죄 판결을 받고 처형당하고, 신성한 마차가 그를 천상의 도시로 실어 간다. "만사를 지배하시는 이"라는 이름표가 붙은 섭리(Providence)가 크리스천의 상황에 개입하고, 그 결과 크리스천은 허영 성읍을 빠져나온다.

순교한 믿음³ 대신 소망(Hopeful)이 곧 크리스천과 동

---

3 믿음이 처형당한 일은 틀림없이 큰 충격으로 다가올 것이다. 그리스도인들에 대한 세상의 적대가 정말 그 정도로 극심한가? 오늘날까지의 역사를 통해서 보면, 정확히 그 정도로 극심할 때가 종종 있었다. 버니언이 그린 이 가공의 인물은 믿음 때문에 목숨을 잃은 순교자들의 긴 행렬에서 버니언을 대신하고 있다. 문학 장르상 이 에피소드는 "순교록"(martyrology, 순교자들의 이야기)에 속한다. 잉글랜드의 문헌 사료에서 이 장르에 속하는 가장 유명한 책은 버니언 자신도 갖고 있었던 책이다. 이 책은 16세기에 쓰였으며, 《순교자 열전》(*Foxe's Book of Martyrs*, 포이에마 역간)으로 잘 알려져 있다.

4 사심 씨는 이 장 후반부에서 주도적 인물로 등장한다. 사심(By-ends)이란 말은 문자적으로 "주 경로 옆"(beside the main path)이란 뜻이며, 확장된 의미로는 "부차적, 혹은 부수적 중요성을 지닌 어떤 것"이다. 이런 문자적 의미만으로는 버니언이 그린 이 인물의 본질에 다가갈 수 없다. 이 본질은 버니언이 이 인물 주변에 세워 놓는 지인들을 관찰함으로써 분별할 수 있다. 신앙 깊은 사람임을 자처하는 사심 씨는 감언(Fair-speech)이란 곳에 살고, 아무래도 좋아 씨(Mr. Any-thing) 같은 친구들과 어울리며, 돈과 사회적 신분 상승에 집착한다. 간단히 말해, 사심 씨는 깊은 확신이 없는 얄팍한 사람이요 세상에서의 성공을 숭배하는 사람이다.

5 이 장을 포함해서 《천로역정》에는 계속 분석해 볼 만한 가치가 있는 두 가지 항목이 있다. 하나는 그리스도인의 삶과 그 삶을 해치는 것들에 대한 통찰을 구체적으로 표현하는 인물들의 풍유적 이름이다. 그리고 또 하나는 본문이나 여백에서 확인되는 관련 성경 구절이다. 배경이 되는 성경 구절을 추적해 보면, 버니언이 해당 본문에서 무엇을 말하려고 하는지 실마리를 얻게 된다. 데마라는 이름은 디모데후서 4장 10절을 살펴보기 전에는 그냥 하나의 이름일 뿐이다. 이 구절에서 바울은 "데마는 이 세상을 사랑하여 나를 버리고 데살로니가로 갔고"라고 말한다. 이것이 바로 데마가 이 이야기에서 상징하는 내용이다. 즉 복음보다 세상을 사랑한다는 것이다.

행하게 되고, 두 사람은 다시 길을 나선다. 지금까지 우리에게 익숙한 방식에 따라 두 사람은 사심(By-ends)[4]이란 인물을 만나는데, 감언(Fair-speech)이란 곳에서 온 사심은 변절 경(Lord Turn-about)과 두 인생 살기 씨(Mr. Facing-both-ways) 같은 사람들과의 친분을 자랑한다. 사심 씨는 신앙 좋은 사람을 자처하지만, 그의 신앙은 태평한 신앙이다. 그래서 그는 크리스천과 소망 뒤에 처져서 세상을 내 품에 씨(Mr. Hold-the-world)와 돈 사랑 씨(Mr. Money-love) 같은 친구들을 만난다. 이야기는 이들 무리와 이들이 부자들의 신앙에 관해 나누는 대화로 잠시 초점을 옮긴다.

　이와 관련된 두 가지 사건으로 이 장은 마무리된다. 돈을 사랑하는 사람들로 이뤄진 이들 무리는 크리스천과 소망을 불러 걸음을 멈추게 하고는, 신앙은 원래 이득이 있어야 하는 것이라고 이 두 여행자에게 주장한다. 크리스천은 이 주장을 길게 반박한다. 다음으로, 돈을 경배하는 이들을 뒤로하고 떠난 크리스천과 소망은 "안락(Ease)이란 부드러운 평원"과 "금전(Lucre)이란 작은 산"에 이른다. 그때 데마(Demas)[5]라는 신사가 자신의 은광(銀鑛)에 와 보라고 이 두 사람을 부르지만, 크리스천은 이 제안을 거절한다. 그리고 거절하고 발길을 돌리는 순간 두 사람은 사심 씨 일행이 데마의 제안을 받아들인 뒤 구덩이 안으로 사라지는 광경을 본다. 부(富)를 좇고자 하는 마음에 저항해야 한다는 사실을 매조지듯 두 사람은 롯의 아내가 소돔을 빠져나오다가 뒤를 돌아보는 바람에 소금 기둥으로 변해 서 있는 곳을 지나게 된다.

해설

허영 시장 에피소드는 잉글랜드와 미국의 문화사에서 워낙 유명해져서 금언(金言)의 지위에 올랐을 뿐만 아니라, 값싸고 하찮은 것을 일컫는 친숙한 은유가 되었다. 버니언은 우리의 상상 속에서 이 에피소드가 살아 움직이게 하려고 두 가지 방법을 쓴다. 첫째로 버니언은 대단한 묘사 실력을 바탕으로 사람들로 붐비는 동네 시장이나 한데 모여서 시시한 상품과 오락거리를 판매하는 노점(露店)을 생생하게 그려 보인다. 둘째로 버니언은 악한 무리가 힘없는 두 길손을 괴롭히면서 갈등이 극에 달하는 플롯을 구성해 낸다. 이 상황은 다수의 배심원이 판결하는 부실한 재판으로까지 이어진다. 이 에피소드에서 독자는 이 모든 일에 항변하느라 시종 피가 끓어오른다.

이 이야기에서 늘 그렇듯 실제적 세부 묘사는 심오

한 영적 의미를 구체화한다. 이 에피소드에서 영적으로 일어나는 사건들을 이해하기 위한 바람직한 해석의 틀은 요한복음 16장 33절에 기록된 예수의 말씀이다. "세상에서는 너희가 환난을 당하나." 그리스도인들이 불신 세상의 가치관과 생활 방식을 공유하지 않는다는 이유로 이들을 관용하지 못하고 박해할 방법을 궁리하는 불신자들 고유의 성향을 버니언은 대단히 잘 포착한다. 그리스도인들을 향한 이 적대감에 함축된 의미를 밝힐 때, 사실상 버니언은 주로 크리스천과 믿음을 괴롭히는 인물들의 이름, 즉 시기와 육체의 기쁨(Carnal Delight)과 방종(Live-loose) 같은 이름들을 이용해 이와 같은 분석을 한다. 이런 가치관과 행실은 그리스도인다운 삶을 사는 사람들과 당연히 충돌을 일으킨다.

7장의 전반부와 후반부(CUP 《천로역정》의 경우 본문 8장과 9장)는 서로 균형을 이룬다. 허영 시장에서 만나게 되는 적대자들에게는 파악하기 어려운 부분이 전혀 없다. 이들은 경건한 마음 자세를 가진 사람들과 공공연히 갈등을 일으키는 악한 인물들이다. 따라서 크리스천과 믿음은 박해를 감내할 뿐 그 무엇에도 유혹당하지 않는다. 이어서 버니언은 이야기꾼으로서의 재능을 발휘해, 허영 시장 에피소드와 정반대되는 장면을 그려 낸다.

두 여행자와 부(富) 숭배자들 사이에 이야기가 오가는 장면은 빼어난 유혹 장면이다. 여기서 위험 요소는 겉으로 드러나는 적대감이 아니라 세상에서의 성공이라는 유혹이다. 풍유적 적대자는 괴롭히고 못살게 구는 사람들이 아니라 (돈 사랑과 구두쇠처럼) 신앙의 이름으로 인생을 안락하게 만들어 주는 특성들이다. 따라서 위의 충돌이 크리스천에게 요구하는 것은, 신앙을 가진 사람도 부와 성공을 최고의 목표로 추구할 수 있다는 주장에 맞서 설득력 있게 지적 논증을 펼칠 수 있는 능력이다.

묵상과 토론을 위해

《천로역정》에서 이번 장은 가장 현대적인, 혹은 시의성 있는 장이다. 우리 시대는 값싸고 겉만 번지르르한 것에 특화되어 있고, 허영 시장은 사실상 우리 시대 문화가 발현되는 모습에 딱 들어맞는 어떤 윤곽을 제시한다. 허영 시장과 우리 시대 문화 사이에 어떤 연결고리가 떠오르는가? 불신 사회는 그리스도인들이 평안히 신앙 생활할 수 있게 내버려 두지 않으며, 이는 그리스도인이라면 누구나 직면하는 현실이라는 점이 똑같다. 여러분 자신의 삶이나 주변에서 목격한 누군가의 삶에 박해와 차별의 사례가 있는가? 이 땅에서 성공하여 부유하게 사는 삶에 대한 유혹은 이 시대의 세상에 늘 존재한다. 여러분에게는 그 유혹이 어떤 형태로 다가오는가? 좀 더 범위가 넓은 문화적 영역에서, 사심과 그 무리가 상징하는 '번영 복음'은 어떤 일반적 모습으로 발현되는가?

절망 거인

08

▼▼▼

줄거리

크리스천과 소망은 롯의 아내가 변해서 만들어진 소금 기둥(부富에 영혼을 파는 게 얼마나 위험한 일인지 마지막으로 일깨워 주는 것)을 지나다가 무언가 다른 것, 즉 기분 좋은 강과 강둑에 펼쳐진 낙원 같은 동산에 이른다. 강은 하나님의 강(또한 생명수의 강)[1]이라고 불린다. 길은 강에서 벗어나기 시작하지만, 순례자들은 곧 샛길 초장(By-path Meadow)이란 곳에 이른다. 풀밭의 매혹적 쾌적함은 순례자들을 구도의 길에서 벗어나게 하는 유혹거리임이 곧 드러난다. 풀밭은 걷기가 수월하지만 그 길은 천상의 도시로 이어지는 길이 아니며, 순례자들은 헛된 확신(Vain-confidence)[2]을 따라잡다가 때마침 그가 구덩이에 빠져 멸망하는 것을 보고 이것을 알게 된다.

곧이어 버니언은 또 하나의 악몽 같은 사건을 그린

다. 물이 범람해 두 순례자가 다시 제 길로 돌아가는 것을 가로막고, 이에 이들은 쉼터를 찾아 밤을 지내고자 한다. 하지만 이들이 찾은 "작은 쉼터"는 "의심하는 성(Doubting Castle)" 가까이에 있고 "이 성 주인은 절망 거인

---

1 생명을 주는 매혹적인 강, 생명의 강은 그 이면에 있는 참조 성경 구절(시 65:9; 겔 47:1~12; 계 22:1~2)을 떠올리게 하는 긍정적 이미지다. 하지만 버니언은 이 이미지를 역설적으로 비튼다. 버니언이 사용하는 기법은 작가들이 애호하는 "가짜 여명 모티프"(the false dawn motif) 기법으로 알려져 있다. 본문의 경우, 순례자들이 "하나님의 강"에 도착하는 광경에 우리는 무언가 전적으로 좋고 만족스러운 일을 기대하게 되지만, 막간의 짧은 낙원 장면은 다가오는 폭풍우 전의 일시적 고요일 뿐이다. 생명의 강과 그 강둑의 낙원 이야기는 겨우 반 페이지 정도이고, 이어서 우리는 불운한 순례자들을 기다리고 있는 끔찍한 모험 속으로 쫓기듯 들어간다.

2 늘 그렇듯이, 버니언이 들려주는 이야기에서 이름은 강렬한 효과를 지닌다. 헛된 확신(Vainconfidence)은 비중이 작은 인물임이 틀림없지만, 그 이름과 캐릭터는 중시할 필요가 있다. 헛된 확신은 사실상 이 장에서 크리스천이 보여 주는 특성을 투사한 인물이다. 계단식 출입구를 지나 샛길 초장으로 가자는 것은 크리스천의 생각이었던 반면, 소망은 그렇게 하지 말자고 설득했다. 크리스천은 자신의 판단에 확신을 보였으며, 이는 크리스천을 곤경에 빠지게 한 그릇된, 혹은 "헛된" 확신이었다.

3 《천로역정》 두 번째 이야기인 2부 크리스티아나의 이야기는 가족 관계와 관련해 많은 이야기를 하는 반면, 1부는 가족 이야기가 거의 없다. 두 가지 중요한 예외가 있기는 하다. 첫째는 크리스천이 자기 목숨을 위해 멸망의 도시에서 빠져나올 때 가족을 두고 나온다는 것이다(이는 구원이 얼마나 개인적인 일인지를 나타낼 뿐만 아니라 인생에서 가장 중요한 일임을 상징한다). 둘째는 절망 거인의 아내라는 흥미로운 인물이다. 자신 없음(Diffidence)이란 이름의 이 여인은 이간질하는 인물로, 이 여인이 남편에게 끼치는 악한 영향은 분석해 볼 만한 가치가 있다. 이 여인의 이름 Diffidence는 "확신이 부족하다"라는 뜻이다. 그런데 남편이 가둔 두 사람에 관해 이 여인이 남편에게 조언하는 모습을 보면 결코 확신이 부족하지 않다. 그러므로 이 여인은 하나님의 구원 능력에 대한 확신이 부족한 것, 즉 영적 절망의 확장으로 보는 것이 이 이름에 대한 최선의 해석이다.

4 8장은 문학적 판타지 혹은 가상의 모험담(거인과 그의 성, 그리고 상징적인 생명의 강이라는 현실 같지 않은 관례적 소재와 더불어)과 풍유적 서사(마찬가지로, 현실 같지 않은 관례적 소재로서 절망, 헛된 확신, 자신 없음 같은 풍유적인 추상 개념에서 비롯된 이름들과 더불어)라는 쌍둥이 샘에서 동력을 얻는다. 하지만 이야기가 전환될 때마다 예사로운 사실주의가 등장한다. 크리스천과 소망이 샛길 풀밭으로 들어갔다가 나올 때 지나는 계단식 출입문은 이 시대 영국 풍경을 특징짓는 일반적인 지형(地形)이다. 계단은 관목 울타리든 돌담이든 울타리를 넘어갈 때 딛는 일종의 사다리다.

(Giant Despair)"이다.³ 거인은 순례자들이 함부로 자기 땅에 들어왔다고 힐난하며, 이들을 "더럽고 악취 나고 몹시 캄캄한 지하 감옥"에 내동댕이친다. 거인은 아내의 조언에 따라 두 사람을 두들겨 패고 "고통스러워하며 애통하게" 내버려 둔다. 나중에 거인은 순례자들에게 스스로 목숨을 끊으라고 권한다. 순례자들은 정말 절망에 빠지지만, 소망은 자신들을 향한 하나님의 섭리의 위로에 주의를 환기시킨다. 절망 거인은 날마다 감옥으로 두 사람을 찾아와, 자기 아내의 지시대로 이들을 능욕한다. 하지만 크리스천은 자신에게 약속이란 열쇠가 있음을 기억해 내고, 두 사람은 이 열쇠를 수단으로 성에서 빠져나와 왕의 대로로 돌아온다. 크리스천과 소망은 이 에피소드 초반에서 자신들을 곤경에 빠지게 한 그 디딤대를 다시 넘은 후, 뒤에 올 순례자들을 위해 울타리를 넘어가지 말라는 경고판을 세운다.⁴

해설

버니언의 이 걸작에서 에피소드마다 우리가 첫 번째로 해볼 일은, 문자 그대로의 수준에서 이야기를 재현하는 것이다. 이 장의 처음 몇 페이지만 읽어나가도 우리는 원형적인 생명의 강과 지상의 낙원, 힘들고 곧은 길(금언에 나오는 "곧고 좁은 길"), 여행자들을 현혹해 바른길을 가지 못하게 하는 풀밭, 거인, 성, 지하 감옥을 만난다. 이 모든 것은 가상의 모험담이나 판타지 소설의 밑둥치와 같은 구성 요소이며, 작품을 읽어 나가려면 이 요소에 어린아이처럼 기꺼이 감명받고 놀라야 한다. 같은 맥락에서, 절망 거인이 날마다 반복해서 찾아오는 것을 보면서 다음번에는 순례자들에게 어떤 폭력이 가해질지 궁금해지고 이들이 과연 살아서 빠져나갈 수는 있을지 묻게 된다는 점에서 이 이야기는 가장 긴장되는 이야기가 된다.

그다음에는 버니언이 이렇게 이야기식으로 친숙하게 풀어놓는 세부 묘사에서 어떤 영적 현실을 구체화했는지 분석해 봐야 한다. 이번 에피소드의 중심은 절망이라는 심리적, 영적 경험이다. 버니언의 시대에는 절망의 이면에 긴 역사가 있다는 점을 이 안내서에서 이미 살펴보았다. 이 전통에서 절망이 가장 악한 죄로 여겨지는 이

유는, 절망이 사람의 의지를 마비시키고, 구원하시는 하나님의 능력의 팔이 자신에게는 미치지 않는다고 생각하게 만들기 때문이다. 결과적으로 절망은 영원히 저주받는 쪽을 선택하는 것으로, 그보다 더 나쁜 것은 있을 수 없다. 이러한 생각이 바로 절망이라는 지하감옥에 여러 날 길게 갇혀 있게 된 사건의 배경을 형성한다.

이런 대체적 정황 안에서 우리는 버니언이 그리스도인의 삶에 관해 무엇을 구체적으로 표현하고 있는지 좀 더 세심히 들여다볼 수 있다. 예를 들어 버니언은 절망이 하나의 정서적 현상으로서 사람의 마음속에서 어떻게 작용하는지 꼼꼼히 그려 보인다. 또한 절망이 어떻게 사람을 가로막아 경건한 길(이 이야기에서는 왕의 대로라고 불리는)을 추구하는 자세에서 멀어지게 만드는지 구체적 방식으로 추적해 볼 수 있다. 우리가 추적할 수 있는 세 번째 주제는 그리스도인들(두 순례자가 대표하는)이 영적 삶에서 무엇에 의지해 절망의 파괴적 결과에 저항할 수 있는가이다.

묵상과 토론을 위해

올바른 절차는, 바로 앞 해설에서 명시된 길을 따르는 것이다. 이 에피소드가 여러분에게 생생하게 다가오는 것은 어떤 세부 묘사 때문인가? 이 에피소드를 읽으면서 어떤 심리적 현실을 대리 체험하는가? 절망이 한 사람의 영적 삶에서 작용하는 방식에 관하여 무엇을 알 수 있으며, 절망에 대한 신뢰할 만한 구제책으로 버니언이 여러분에게 자각시키는 것은 무엇인가?

유쾌한 산과 마법의 땅

09

▾▾▾

줄거리

긴 에피소드를 좋아하는 사람이라면 9장을 정말 좋아할 것이다!(이 장은 이야기가 길어 판본에 따라 몇 장으로 나눠지기도 한다. 예를 들어 CUP 역간 《천로역정》의 경우 9장을 본문 11~14장으로 네 챕터로 나눴다.) 이 장은 여정, 영적 의미가 있는 풍경, 영적 진보의 장애물을 상징하는 풍유적 인물, 기독교 교리에 대한 가르침을 담고 있는 대화, 그리고 크리스천과 소망이라는 끈기 있는 신앙의 투사 등 버니언의 모험담에서 우리가 기대하게 된 모든 내용으로 가득하다.

크리스천이 아름다운 집 지붕에서 얼핏 본 유쾌한 산(Delectable Mountains)[1]은 이상화된 또 하나의 목가적 세계 또는 지상 낙원이다. 목자 넷이 두 길손을 맞아들이는데,[2] 이들은 지식, 경험, 경계, 성실이란 풍유적 이름을 지닌다. 오류(Error)라는 언덕 꼭대기로 초대받은 두 순례자는 언덕 아래를 내려다보다가 신학적 오류에 굴복한 사람들의 토막 난 시신을 본다. 경고산(Mount Caution) 꼭대기에서 순례자들은 눈먼 사람들이 무덤 여기저기서 비틀거리며 넘어지는 것을 본다. 이 눈먼 사람들은 절망 거인의 피해자들로 밝혀진다. 이어서 크리스천과 소망이 언

---

1 버니언이 창작해 내는 지명(地名)은 《천로역정》의 매력 가운데 하나다. 이 지명들은 본질상 대체로 상징이나 풍유로서, 판타지 영역 또는 우리가 사는 일상의 세상이 아닌 상상의 세계에 속해 있다. 이 지명들은 십중팔구 깊은 원초적 느낌을 일깨우는 원형(原型)이다(문학과 인생에서 꾸준히 재현되는). 유쾌한 산(The Delectable Mountains)은 기분 좋은 곳의 원형으로, 갈망의 한 이미지다. 형용사 delectable은 "지극히 아름답고 대단히 유쾌하고 즐겁다"라는 뜻이다.

2 순례자들을 유쾌한 산으로 반갑게 맞아들이는 사람들이 목자들이란 것은 우연이 아니다. 이들은 이상적인 녹색 세상, 즉 "전원문학"(pastoral)으로 알려진 문학 전통에서 말하는 목자들이다. 전원은 최상의 지상 생활을 나타내는 풍경이다. 이 아름다운 시골 풍경에 거주하는 인물들은 언제나 때 묻지 않고 무해한 인물인 목자들이다. 더 나아가 성경에서 전원문학 전통의 목자들에게는 영적 지도자나 목회자라는 차원이 추가된다.

덕 비탈을 들여다보니 불과 유황이 보인다. 맑음(Clear)이 란 언덕 위에 서니, 순례자들의 눈에 천상의 성이 보인다. 순례자들은 이 놀라운 광경을 뒤로 하고, 목자들의 경고를 귀에 담으며 다시 길을 나선다.

첫째로 순례자들은 무지(Ignorance)라는 인물을 만난다. 무지는 기만의 나라에서 이어지는 구부러진 좁은 길을 통해 큰길로 들어온다. 무지는 천상의 도시까지 가는 쉬운 길을 알고 있다고 말했지만, 두 순례자는 이 말을 염두에 두지 않는다. 이어서 크리스천과 소망은 어두컴컴한 골목으로 접어들어 어떤 사람이 일곱 귀신에게 결박된 것을 본다. 그렇게 결박당해 끌려가고 있는 사람은 "배교 마을에 살던 외면(Turn away)"이다. 이 광경을 보

---

3 어떤 주장을 할 때 문학은 우리가 따라야 할 긍정적 예와 피해야 할 부정적 예를 제시하는 방법을 쓴다. 작은 믿음은 부정적인 예로써, 즉 하지 말아야 할 행동이 무엇인지 보여 줌으로써 영적 믿음의 중요성을 가르쳐 준다. 성경은, 그리고 성경에 기반을 둔 기독교 신앙은, 믿음을 가장 중요한 덕목의 하나로 드높인다. 믿음이 무엇인지 정의하고 하나님을 따르는 이들에게 믿음이 안겨 주는 승리를 찬미하는 히브리서 11장은 작은 믿음 이야기와 병행해서 읽기 좋은 성경이다. 성경에서 믿음이란 단어를 검색해 보는 것도 버니언이 들려주는 작은 믿음 이야기를 더 잘 이해할 수 있는 배경이 되어 줄 것이다.

고 크리스천은 작은 믿음(Little-faith)이란 사람을 떠올리고, 이 사람이 겪은 환난이 길게 묘사된다.[3] 작은 믿음이 겪은 불운 중에서도 가장 두드러진 순간은 겁쟁이(Faint-heart), 불신(Mistrust), 죄책(Guilt)이라는 불량배들에게 강도를 당한 때였으며, 이 일로 그는 천상의 도시로 가는 동안 계속 구걸로 연명해야 했다. 이 이야기를 하다 보니 크리스천은 천국으로 가는 길에 믿음의 장애물이 나타날 때 이를 버텨내는 방법에 관해 소망에게 짤막한 설교를 하게 된다.

그다음 주요 사건은 사기꾼(Flatterer)의 등장인데, 사기꾼은 천상의 도시로 가는 길을 안다고 주장한다. 크리스천과 소망은 사기꾼을 따라가다가, 곧 그물에 걸리고 만다. 두 사람은 "어떤 빛나는 존재"(천사이거나 성령일 것이다)에게 구출되고, 이 빛나는 이는 사기꾼에게 속아 그를 따라간 것에 대한 벌로 두 사람을 채찍질로 징계한다. 그 뒤 두 순례자는 "자신들이 갈 길을 간다."

얼마 후 두 사람은 무신론자(Atheist)를 만나고, 무신론자는 자신이 천상의 도시로 추정되는 곳에 갔었으나 "길을 나서던 첫날에 본 것 외에 더는 아무것도 보지 못했다"라고 말하고, 이에 두 순례자는 침착을 잃는다. 순례자들은 잠깐 놀라기는 했지만, 곧 영적으로 다시 정신을 차리고 가던 길을 간다. 두 사람은 마법의 땅(Enchanted Ground)⁴으로 불리는, 졸음을 유발하는 땅에 들어가며, "졸음을 쫓으려고" "유익한 대화"를 주고받는다. 두 사람 사이에는 긴 대화가 이어지고, 소망은 어떻게 해서 "처음에 〔자기〕 영혼을 돌보게" 되었느냐는 크리스천의 질문에 답변한다. 그 결과 우리는 소망의 영적 자서전을 접하게 된다.

마지막 에피소드는(이 장 초반에서 뒤처졌던) 무지의 재등장이다. 크리스천과 소망은 무지에게 신앙의 진리를 조금씩 가르쳐 주고 싶은 마음에 요리문답 같은 질문과 답변 시간을 갖는다.⁵ 무지는 신앙과 관련된 의견은 많지만, 기독교 신앙의 진리를 배우는 데는 더디고, 그래서

---

4 마법의 땅은 버니언이 지어낸 또 하나의 훌륭한 이야기다. 여기서 "마법의(Enchanted)"는 "마법과 같은 힘을 지닌다"라는 뜻이다. 동화와 판타지에서 마법은 선하거나 악한데, 이 이야기에서는 악하다. 지친 발걸음을 옮기며 정신을 똑바로 차리고 위험을 경계해야 할 여행자들을 꾀어 잠에 빠져들게 하기 때문이다. 정신을 바짝 차리고 있을 능력을 빼앗는 어떤 장소나 묘약(妙藥) 모티프는 호메로스의 《오디세이아》만큼 오래되었기도 하고 C. S. 루이스와 J. R. R. 톨킨의 판타지 소설만큼 현대적이기도 하다. 우리가 잘 아는 작품에서 유사한 예를 찾아보는 연습을 해보는 것도 바람직하다.

결국 "잠시 뒤에 머물러야겠다"라고 결론을 내린다. 이에 크리스천과 소망은 무지 같은 사람들이 "자신들을 두렵게 만드는 그런 확신이 사실은 자신들에게 유익하다는 것을 알지 못하고" 그래서 그 확신을 억제하는 이유를 분석하기에 이른다. 두 사람은 이 모든 일의 뿌리에 "고삐(halter)에 대한 두려움"이 자리 잡고 있다고 결론 내린다. 즉 자기 훈련을 요구하고 본능적 욕구를 억제하기를 요구하는 것은 뭐든 다 싫어한다는 것이다. 크리스천과 소망이 마법의 땅이 끝나는 곳에 이르면서 막을 내린다.

---

5 훌륭한 작가는 한 번 갔던 우물에 자꾸 갈 수 없다는 것을(비유적으로 말해서) 잘 알며, 그래서 표현을 다양화할 방법을 찾는다. 한때 높이 평가되던 기법으로서 "이야기 속의 이야기"라는 것이 있는데, 《천로역정》 화자가 작은 믿음 이야기를 직접 하지 않고 크리스천의 입을 빌어 버니언의 이야기 속 또 다른 내부 인물(소망)에게 이야기하는 데서 이 기법이 등장한다. 그 기법의 한 변형으로 '플래시백'(flashback)이란 것이 있으며, 이는 소망이 자신의 회심과 영적 진보를 자전적(自傳的)으로 풀어 놓는 데서 볼 수 있다.

해설

　유익한 조언 한마디를 하자면, 대화가 주 구성 요소인 긴 에피소드에 집중할 필요가 있다는 것이다. 《천로역정》의 몇몇 장은 길에서 벌어지는 모험으로 가득하고, 또 어떤 장은 교훈적 단원으로, 대개 순례자들이 천상의 도시를 향해 가는 중에 잠시 머무는 곳을 배경으로 한다.
　이 장은 이 두 가지 형식이 결합해 있다. 교훈적인 장, 또는 "교훈 장면"임이 분명하지만, 이 교훈은 순례자들이 어떤 집이나 성에 머무는 게 아니라 길을 가면서 나누는 긴 대화로 이뤄진다. 모험은 적고 대화는 많다. 그렇다고 해서 이 대화가 재미없다는 뜻은 아니다. 늘 그렇듯 장소와 인물의 이름은 우리에게 궁금증을 불러일으키며 그 의미가 무엇이고 그런 이름으로 불리는 대상에 어떻게 적절히 들어맞는지 분석하게 만든다. 여기에 《천로역정》의 본질적 원칙이 추가로 덧씌워지는데, 이것을 우리는 영적 의미의 우위성이라고 부를 수 있다. 허구적 세부 묘사가 아무리 창의적이든, 이야기는 궁극적으로 그리스도인의 삶에 관한 지식을 구체적으로 표현하려는 버니언의 의도에 지배된다.

그래서 《천로역정》이 우리에게 주려는 대부분의 교훈은 영적인 삶의 장애물, 즉 순례자를 잘못 인도할 수 있고 영적 진보를 훼방할 수 있는 믿음과 관습을 구체적으로 그려 보이는 것으로 구성된다. 이 본문을 효과적으로 읽어나가는 유익한 전략은, 버니언이 우리가 생각해 보아야 할 문제로 제시했다시피 기독교 신앙의 길의 구체적 장애물이 무엇인지 분석해 보고, 더 나아가 그 장애물이 정확히 어떻게 한 사람의 영적인 삶을 훼방하는지 살펴보는 것이다. 이런 장애물의 가장 두드러진 예는 교리에 대한 무지, 아첨, 약한 믿음, 무신론(믿음이 완전히 결핍된 상태)이다.

따라서 이 본문이 우리에게 교훈을 줄 임무가 있다고 할 때 그 임무의 절반은 그리스도인의 삶에서 피해야 할 게 무엇인지 더 깊이 통찰하게 하는 것이다. 그리고 나머지 절반에서는 그리스도인으로 살아가면서 만나는 위험에 대응하기 위해 우리가 의지할 수 있는 방책이 무엇인지 버니언 자신이 분석한다. 우선, 본문을 읽어나가면서 우리는 참된 교리의 유익, 유혹과 박해 가운데서 믿음을 유지할 때의 유익, 영적 생활 중에 늘 깨어 있는 자세의 유익, 그리고 신자들과의 경건한 대화의 유익에 대해 알게 된다.

버니언이 그리는 풍유적 인물은 보편성이 있고 시대의 제한을 받지 않으며, 그러므로 독자의 경험 속에서 언제나 현재형이다. 하지만 무지라는 캐릭터는 구성 면에서 유독 더 "현대적"이다. 무지는 좁은 문을 지나 십자가에서 죄 사함을 구하는 게 아니라, 지름길을 통해 천국에 이르고 싶어 한다. 무지는 종교적인 사람이며 종교적인 일에 관심이 있다. 무지는 심지어 "의롭다 여김 받으려면 그리스도를 믿어야 한다고 생각한다"라고 옳은 말을 하기도 한다. 하지만 무지는 자기 마음이 "선한 마음"이라고 믿으며, 자신의 선한 행위에 근거해서 천국에 들어갈 수 있다고 믿는다. 자신의 종교적 신념을 어떻게 그렇게 확신하느냐고 묻자, 무지는 "내 마음이 그렇게 말한다"라고 대답한다. 간단히 말해 무지는 전형적인 신학적 자유주의자로서, 우리 시대에는 그 어느 때보다 이런 사람이 많다. 이 사실은 그가 크리스천과 소망과 보조를 맞춰 길을 가지 않고 뒤에 처지기로 한 뒤 두 사람이 무지를 분석하면서 "마음과 뜻에 변화"가 없는 사람들 범주에 넣는 것으로 확인된다.

　　버니언은 "청교도 중의 청교도"이며, 버니언이 이 걸작의 소재로 삼기로 한 사상과 체험을 보면, 곳곳에서 청교도 기질이 드러난다. 이 점이 가장 충실하게 드러나는 곳이 바로 이 장이다. 믿음과 지식 혹은 진리의 중요성은 청교도의 삶의 기둥으로서, 작은 믿음과 무지라는 인물을 통해 부정적 사례로(즉 반대로) 구체화된다. 크리스천과 소망은 영적 체험에 관한 대화를 나누면서 서로 졸음을 쫓아 주기로 하는데, 이때 두 사람은 청교도가 말하는 "그리스도인의 회담"(Christian conference), 즉 영적인 삶에 관한 그리스도인들 간의 대화를 실천하고 있다. 자신의 회심과 그리스도인으로서의 행보에 관한 소망의 자전적 이야기는 청교도의 자기 점검(self-examination)의 한 예이며, 그의 이야기에서는 청교도의 구원 패러다임에 따라 성장 단계가 전개된다. 마법의 땅에서 졸음과 맞서 싸우는 모습은 그리스도인이 하루하루의 삶에서 경계를 늦춰서는 안 된다는 청교도의 주장을 예시한다.

묵상과 토론을 위해

어떤 이야기든 그 이야기에 접근하는 바람직한 자세는 주어진 에피소드를 깊이 생각하고 저자가 그 장을 왜 이야기에 포함했는지, 그리고 지금 고찰 중인 장에서 볼 수 있는 특정한 세부 사항을 창작해 낸 이유가 무엇인지 이론을 만들어 보는 것이다. 이 틀을 적용해 볼 때, 버니언은 이 장에서 무엇을 의도했다고 생각하는가? 결국 그리스도인의 삶을 조명해 보는 것이 《천로역정》에서 버니언의 일관된 목적이다. 이 장은 한꺼번에 분석하기에는 너무 광범위하므로, 작은 믿음의 슬픈 이야기나 소망의 인생 이야기, 혹은 무지의 처신 같은 단일 사건에 초점을 맞춰서, 거기서 그리스도인의 삶에 관해 우리가 무엇을 알게 되는지 하나하나 분석해 보는 게 좋은 방법이다. 그런 다음 다른 부분에 대해서도 똑같은 방식을 적용하면 된다.

천상의 도시에
들어가다

10

▼▼▼

줄거리

《천로역정》1부 마지막 장에서 주인공은 마침내 탐구 여정의 목표 지점에 도달한다. 마지막 장은 뿔라 땅을 통과하고, 사망의 강[1]을 건너, 천상의 도시[2]로 반갑게 맞아들여지는 세 단계로 전개된다.

뿔라 땅은 또 하나의 원형적 기분 좋은 장소로서, "공기가 매우 달콤하고 쾌적한" 곳이고 "과수원과 포도

---

[1] 사망의 강(본문에서 이 강에 그런 이름이 붙은 것은 우연이 아니다)은 버니언이 창작해 낸 것 중 가장 우리의 주의를 환기하는 것으로 손꼽힌다. 먼 옛날부터 이승에서 저승으로 가는 길에는 반드시 건너야 할 강이 있는 것으로 그려져 왔다. 크리스천이 강을 건너면서 겪는 물리적 어려움은 인간의 죽음에 동반되는 의심과 두려움의 상징이다. 이런 상징의 효과는 감동적이고 장엄하다.

원과 뜰이 있는" 곳이다. 게다가 천국 풍경이 얼마나 찬란한지 순례자들은 그 광경에 압도되어 제정신이 아닌 듯한 느낌이다.

순례자들과 천상의 도시 사이에는 아주 깊은 강이 흐르는데 그 강에는 다리가 없다. 순례자들은 "물속으로 들어갔고", 크리스천은 용기를 내서 발 디딜 곳을 찾으려 허우적거리지만 쉽지 않았다. 크리스천은 심지어 물속에

---

2 완벽한 장소(그것이 낙원이든 혹은 천국이든)를 향해 가는 여정을 그리는 작가라면 앞에 존재하는 그 장소에 대한 기대감을 불러일으키는 데 정성을 쏟아 붓는 것이 오래된 전략이다. 버니언은 "광채 나는 존재들과 나눈 이야기는 그곳의 영광에 관한 이야기였다"로 시작하는 긴 단락을 통해 점차 그 절정에 접근하는 기법을 활용한다. 밀턴의 《실낙원》에서 낙원에 점차 다가가는 과정에 관해 C. S. 루이스가 논평한 말은 《천로역정》의 이 구절에도 적용된다. "이런 유형의 시가(詩歌)에서 시인의 싸움은 주로 앞당겨 승리를 거둔다. 기대감을 높이는 심상(心象)을 시인이 우리에게 그려 보일 수 있다면… 마침내 시인이 낙원 자체를 묘사해 보이는 능력을 과시할 때 우리는 이미 그에게 정복당한 상태일 것이다. 클라이맥스에 이를 때 우리가 실제로 우리 일을 할 수 있도록 시인은 지금 자기가 할 일을 하고 있다"(《실낙원 서문》 *A Preface to Paradise Lost* [New York: Oxford University Press, 1942], 49. 홍성사 역간).

서 죽게 될 것을 두려워한다. 하지만 소망은 계속 크리스천에게 힘을 북돋아 주고, 위태위태하게 출발한 크리스천은 "이제부터는 강이 얕다"라는 것을 알게 된다.

곧이어 우리는 대단원에 이르게 된다. 바로 천국에 들어가는 것이다.[3] 순례자들이 강을 건너자 곧 반짝이는 존재 둘이 나타난다. 크리스천과 소망은 천상의 도시를 향해 걸음을 재촉한다. 버니언은 단테와 밀턴 같은 위대한 작가들의 전통을 좇아, 여행자들이 천국을 향해 나가지만 아직 거기 도달하지 못하는 모습을 그림으로써 천국에 대한 기대감을 높인다. 천국 문으로 다가가는 순례자들은 엄청난 환영 인파 역할을 하는 천상의 거민들에게 에워싸인다. 문을 통과하는 순간, 크리스천과 소망은

---

[3] 신자가 천국으로 반갑게 맞아들여지는 것은 수 세기에 걸쳐 기독교 작가들이 다뤄 온 큰 주제 중 하나이며, 그 시작은 성경이다. 다른 문학 작품에 등장하는 유사한 구절을 알고 있다면, 그 구절을 병행 독서 자료로 활용해 버니언이 그리는 그 광경을 더욱 풍성하게 체험할 수 있다. 세 가지 훌륭한 예를 들자면 다음과 같다. 존 밀턴의 "리시다스"(Lycidas, 172~185행)와 소네트 14, 조지 허버트의 "사랑. III." 물론 성경은 더할 나위 없는 텍스트다. 관련 본문은 마태복음 25장 14~21절, 31~40절, 요한계시록 21장과 22장 1~5절이다.

"변화되었고, 금처럼 반짝이는 옷이 입혀졌다." 천국을 이렇게 짤막하게 묘사한 뒤 버니언은 무지가 천상의 도시로 들어오려다가 쫓겨나는 광경을 그리면서 크리스천의 순례 이야기를 마친다.

해설

크리스천의 탐구 목적이 무엇인지는 이야기 전체에 철저히 스며들어 있어서, 우리는 이 이야기가 어떻게 끝날지 정확히 알고 있다고 생각하면서 마지막 장을 읽기 시작한다. 어쩌면 바로 그 이유 때문에 버니언은 어떤 면에서 이야기의 결말이 놀랍다고 할 수 있을 만큼 이 마지막 장에서 갑자기 그렇게 놀라운 사건들이 많이 일어나게 하는 것일 수도 있다.

물론 우리의 예상은 일부 실현된다. 이야기가 시작될 때부터 플롯은 일정한 목표를 향해 흘러갔으며 그 목표는 크리스천이 천상의 도시로 들어갈 때 정점을 이루며 성취된다. 더 나아가 우리는 천국에 이르는 길에서 궁극적 복을 미리 맛볼 수 있기를 기대하는데, 뿔라라는 곳이 그 기대도 충족시켜 준다. 두 순례자의 여정 마지막 구간에서 천사들이 두 사람을 호위하며 동행하는 광경에도 우리는 놀라지 않는다. 우리가 알기로 천국에는 출입구가 있다. 그리고 순례자들이 도착하기를 기다리고 있는 성도들 무리 이야기에도 우리는 별로 놀라지 않는다. 버니언이 그리는 천국은, 우리가 예상한 그대로 음악 소리로 가득하다. 물론 천국은 해처럼 빛나고 길거리는 정금으로 되어 있는데, 오래전부터 요한계시록은 성도들이 "머리에 면류관을 쓰고 손에는 종려나무 가지와 찬양할 때 쓰는 황금 수금을 들고" 있는 광경을 기대하게 했다.

하지만 익히 아는 것의 효과를 상쇄하는 장면들이 여러 번 우리를 놀라게 한다. 첫째는 목숨을 위협하는 사망의 강이다. 순례자들이 일단 뿔라 땅에 들어서자 우리는 천국으로 수월하게 장면이 전환될 것을 기대하지만, 강이 크리스천의 순례 여정에 마지막(그리고 매우 큰) 장애물로 등장한다. 크리스천은 강 앞에 서자 두려움에 짓눌린다. 크리스천은 "자신이 저지른 죄를 생각하며 심한 번민에 빠졌다." 그는 강물에 빠져들기 시작하고, 강을 건너는 일은 이 모험담에서 또 한 번 아슬아슬하게 위험에서 벗어나는 사건이 된다.

둘째로, 이야기 속에서 천상의 도시가 시종 우리 앞에 존재해 왔는데 그 성에 대한 묘사가 이야기의 결말 부분에 짤막하게 나오고 만다는 것은 정말 놀라운 일이다.

우리가 익히 알고 있는 몇 가지 내용이 겨우 반 페이지 정도 나오다가 예상치 못하게 끝난다. 버니언은 무언가가 너무 아름답거나 경이로워서, 혹은 초월적인 "다른" 세상에 너무 철저하게 속해 있어서 그 현실이 인간의 언어로 표현될 수 없다는 전제를 바탕으로, 표현할 수 없음(inexpressibility) 모티프라고 알려진, 아주 오래된 관습에 의존하는 것일 수도 있다. 하지만 작가는 바로 이 '표현할 수 없음'이 이야기 전체를 지배하고 있음을 거의 항상 분명히 하는데, 버니언은 그 일관된 노선에 대해 그 어떤 설명도 제공하지 않는다.

세 번째로 놀라운 것은, 이야기가 크리스천의 천국 입성으로 끝나지 않고, 무지가 천국에서 추방당하는 장면으로 끝난다는 점이다. 받아들여지는 장면이 아니라, 거부당하는 장면이 마지막 장면이다. 이 작품의 끝에서 두 번째 문장("이렇게 해서 나는 잠이 깨어, 이 모든 게 꿈이었음을 알아차렸다"라는 문장 앞에 나오는)은 "그때 나는 멸망의 도시와 마찬가지로 천국 문에도 지옥으로 통하는 길이 있다는 것을 알게 되었다"라는 준엄한 경고의 말이다.[4] 이와 같은 결말을 설명하자면, 버니언은 이 작품에서 근거 없는 위로에 관해 독자들에게 경고할 뿐만 아니라, 영광을 얻지 못할 사람들을 기만해 영광을 얻게 될 것으로 생각하게 만드는 종교적 태도와 관습에서 벗어나게 만들려고 매우 애쓰고 있다는 것이다.

---

4 작가들은 흔히 첫머리 문장을 되풀이함으로써 이야기를 끝맺는다. 그렇게 하면 하나의 원이 완성되는 결과를 낳는다. 《천로역정》을 여는 문장은 화자가 잠들어 "꿈을 꾸었다"라고 우리에게 알려 준다. 그리고 이 책의 마지막 문장은 "이렇게 해서 나는 잠이 깨어 이 모든 게 꿈이었음을 알아차렸다"이다. 최초의 주요 사건은 크리스천이 멸망의 도시에서 빠져나오는 것이다. 그리고 이 책의 마지막에서 두 번째 문장은 "그때 나는 멸망의 도시와 마찬가지로 천국 문에도 지옥으로 통하는 길이 있다는 것을 알게 되었다"이다.

묵상과 토론을 위해

《천로역정》 같은 긴 작품을 읽어나갈 때 당연히 우리는 이야기가 어떻게 끝날지 예상해 본다. 결말에 이를 때 이야기의 결론이 우리의 예상과 얼마나 들어맞는지, 그리고 그 예상과 얼마나 부합하지 않는지 따져볼 수 있다. 이 원리는 《천로역정》의 결론을 깊이 생각해 볼 때 바람직한 효과를 낼 수 있다. 두 번째로 해 보면 좋은 것은, 버니언이 그리는 천국 입성 장면을 성경이 그리는 천국 모습과 비교해 보는 것이다. 버니언은 어떤 부분을 생략했는가? 어떤 부분을 작품에 포함했는가? 또한, 크리스천의 천국 여정에 관한 버니언의 이야기가 성공하느냐는 작가가 순례자의 탐구 목적을 완전히 충족시킬 능력이 있느냐에 달려 있다. 버니언은 작품의 성격상 이 작품이 작가에게 부과하는 과제를 성공적으로 이행했는가? 여러분은 어떻게 평가하는가? 크리스천이 도달하는 목표는 그 전까지의 힘든 여정을 감내할 만한 가치가 있는가?

Part 3

《천로역정》
두 번째 이야기

크리스티아나의 이야기

크리스티아나가
멸망의 도시를 빠져나가기로
결심하다

01

▼▼▼

줄거리

버니언은 크리스천의 가족 이야기(1부의 크리스천 이야기와 짝을 이루는)를 소개하려고 무언가 독창적인 발상을 한다. 크리스천이 고향을 떠난 후 그의 가족은 어떻게 되었는지를 알아보려고 일인칭 해설자가 멸망의 도시를 찾아가는 상상을 하는 것이다. 해설자는《천로역정》전반부가 시작된 마을에서 1.5킬로미터쯤 떨어진 곳에 숙소를 정했다고 한다. 물론 해설자는 잠에 빠져 꿈을 꾸고(1부 도입부에서 그랬던 것처럼), 이런 배경 전환에 따라 우리는《천로역정》2부로 접어들게 된다.[1]

이때 버니언은 우리 앞에 또 하나의 놀라운 광경을 펼쳐 놓는다. 버니언은 해설자가 꿈을 꾸고 관찰자로서 그 꿈 외부에 머무는 것으로 그리지 않고, 이제 해설자가 꿈속으로 들어가 이야기 속 인물과 직접 대화를 나누게 하는 것이다. 자신의 꿈에 직접 참여하는 사람으로서 해설자에게 가장 먼저 일어나는 일은 명민 씨(Mr. Sagacity)와의 만남으로, 해설자는 명민 씨에게 일련의 질문을 한다. 먼저 해설자는 전에 이 도시에 살던 크리스천이라는 사람에 대해 들어 보았느냐고 명민 씨에게 묻는다. 명민 씨는 들어본 적이 있다고 대답한다. 이어서 해설자는 크리스천의 아내 크리스티아나와 그의 아들들의 계획에 관해 묻고, 명민 씨는 크리스티아나가 남편이 간 길을 따르

---

1 《천로역정》 1, 2부는 "자매편"(companion pieces)으로 알려진 아주 오래된 예술 전통에 속한다. 유명한 사례로는 "파란 옷을 입은 소년"(the Blue Boy)과 "핑키"(Pinkie)라는 두 개의 초상화가 있는데, 두 작품의 복사본이 흔히 가정집 벽에 나란히 걸린다(원본은 각각 다른 화가가 그렸으며, 두 작품 모두 캘리포니아의 헌팅턴 아트 갤러리에 소장되어 있다)("파란 옷을 입은 소년"은 영국 화가 토머스 게인즈버러의 대표작이고, "핑키"는 영국 화가 토마스 로렌스의 작품이다-옮긴이). 존 밀턴도 "알레그로"[L'Allegro ("쾌활한 사람")]와 "펜세로소"[Il Penseroso ("사색하는 사람")]라는 제목의 자매편 시를 썼다. 《천로역정》 2부를 읽을 때, 1부를 "반향하되 다른 점은 무엇인지" 촉각을 세우고 읽는다면 문학적 즐거움을 느낄 수 있을 것이다.

기로 결정했다고 대답한다.

　명민 씨는 크리스티아나와 네 아들 이야기를 들려주겠다고 제안하고, 이 제안이 있은 후 해설은 1부에서처럼 흘러간다. 즉 꿈이라는 틀 안에서 이야기가 진행된다. 이야기는, 멸망의 도시를 떠나야 한다고 했던 남편의 말이 옳았다는 생각에 크리스티아나가 자신의 잘못을 깨닫게 되는 것으로 시작한다. 남편이 "더없이 복된 곳에" 있는 것을 보면서 고뇌에 찬 밤을 지낸 크리스티아나는 다음 날 아침 잠에서 깨어 누군가가 문을 두드리는 소리를 듣는다. 찾아온 사람의 이름은 비밀(Secret)이며, 하나님은 "언제든 용서하시고자 하는" 분임을 크리스티아나에게 알려 주고 안심시키려고 "자비로운 분"에게서 보냄 받은 사람이다. 실제로 비밀은 크리스티아나의 남편의 왕이 보낸 편지를 건네는데, 편지에서 왕은 "크리스티아나도 남편 크리스천처럼 하라"고 시킨다. 크리스티아나는 아들들을 불러 모은 뒤 "짐을 꾸려서 천상의 도시로 이어지는 문으로 떠나자"고 말한다.

해설

《천로역정》 2부를 온전히 즐기고자 할 때 가장 먼저 유념해야 할 점은, 이 이야기가 1부를 되풀이하지는 않는다는 것이다. 두 번째로 중요한 점은, 2부가 1부보다 덜 알려진 것은 사실이지만 그렇다고 해서 문학적인 면에서 1부보다 못한 작품은 아니라는 것을 깨달아야 한다는 것이다. 이 두 가지 그릇된 개념을 바로잡기 위한 대책은, 1부가 독자들에게 시종 세심한 읽기를 유발했는데, 2부도 그와 같은 세심함으로 읽는 것이다. 크리스티아나 이야기는 1부와 한 쌍을 이루는 이야기다. 2부가 1부에서 크리스천이 순례 길에 찾아간 여러 곳을 또 찾아가는 이야기를 들려주긴 하지만, 버니언은 2부에 등장하는 모든 유사한 에피소드에서 무언가 전혀 다른 것을 창작해 낸다. 《천로역정》 1, 2부에서 가장 주목할 만한 점은 두 이야기 간의 유사성이 아니라 차별점이다. 1, 2부는 서로를 보완한다. 어느 한 쪽이 없으면 두 이야기 모두 불완전할 것이다. 또한, 영적 풍유로 이야기를 풀어가는 버니언의 재능과 역량은 1부 발간 6년 후에 2부를 펴낼 때도 변함이 없었다.[2]

버니언은 2부에서도 1부와 마찬가지로 독창적이고

창의적으로 이야기를 풀어갈 계획임을 우리에게 곧 보여 준다. 그간 무슨 일이 일어났는지 알아보려고 1부 해설자 가 멸망의 도시를 찾아간다는 서두의 설정은 재치 있다. 버니언은 꿈을 자신의 이야기를 풀어가는 틀로 활용하는 데, 해설자가 그 꿈속으로 직접 들어가는 과감한 움직임 또한 기발하다.

---

2 자매편이라는 장르는 훨씬 더 광범위한 예술 원리의 구체적 표현이다. 《시편사색》 서문에서 C. S. 루이스는 히브리 시의 평행법(Hebrew parallelism) 형식에 관한 논의를 통해 이 원리를 논평한다. "누군가가 예술의 원리를 정의하기를, '같지만 다르게'(the same in the other)라고 했다. 컨트리 댄스를 출 때는 스텝을 세 번 밟고 이어서 세 번 또 밟는다. 스텝을 세 번 밟는 것은 '같다'(the same). 하지만 처음 세 번은 오른쪽으로 밟고 두 번째는 왼쪽으로 밟는다. '다르게'(the other)는 이것을 말한다." C. S. 루이스의 《천국과 지옥의 이혼》(The Great Divorce)은 《천로역정》 2부 1장과(사실은 《천로역정》 전체와) 병행해서 읽기에 아주 좋은 작품이다. 《천로역정》에서 크리스티아나는 천국에서 영화롭게 된 남편의 환상을 본다. 루이스의 작품에서는 천국에서 온 빛나는 형상들이 지옥에서 온 버스 안의 가족과 지인들을 향해 천국을 선택하라고 마지막으로 호소한다(단 한 사람만 그렇게 선택한다). 두 작품 모두 모티프는 동일하다. 천국 시민들이 누리는 지복(至福)은 길 잃은 상태의 사람들을 향해 회개하라고 손짓한다.

2부 1장은 문학 장르상 "결심 이야기"(story of resolve)에 속하는데, 이 이야기에서는 한 인물이 자기 상황을 깊이 고찰한 뒤 근본적으로 달라지기로 담대히 결심하기에 이른다. "같지만 다르게"(the same in the other) 원리를 좇아, 처음에 우리의 시선을 끄는 것은 《천로역정》 1, 2부 오프닝에 동일하게 등장하는 장면이다. 남편과 아내 모두, 타락 상태의 상징인 멸망의 도시를 빠져나가기로 결단하기에 이른다. 그 부분은 "동일하다." 하지만 다른 점이 계속 늘어난다. 크리스티아나는 등에 짐을 지지 않는다. 또한 크리스티아나는 자녀들을 영적으로 책임지고 있으며, 그래서 떠나려는 결정을 단독으로 내리지 않는다. 크리스티아나에게는 따를 수 있는 안내자, 즉 먼저 본을 보인 남편이 있으며, 남편은 위험한 여정 끝에 지금 천국에 이르러 있다. 차이점은 그밖에도 많다.[3]

---

[3] 1부는 거의 남성들의 세계였는데, 자매편이라는 장르에 어울리게 이제 2부에서는 여성에게 초점을 맞춤으로써 균형을 잡는 것을 볼 수 있다. 2부는 여성의 이야기다. 또한 크리스천은 자녀를 두고 떠난 반면(각 사람은 모두 개인적으로 회심할 필요가 있다는 상징으로), 2부에서 네 아들의 존재는 버니언의 구원 이야기에 가족 혹은 가정의 차원을 덧입혀, 믿음 생활이 어떻게 개인뿐만 아니라 가계(家系)를 따라서도 작용하는지를 생각해 보게 한다.

묵상과 토론을 위해

《천로역정》 2부를 즐겁게 읽을 수 있는 열쇠는 이 이야기가 1부의 재현이 아님을 깨닫는 것이다. 오히려 2부는 1부와 짝을 이루는 이야기다. 다음 두 가지 질문이 2부를 제대로 분석할 수 있도록 계속해서 우리를 이끌어 준다.

첫째, 1부와 비슷한 에피소드에서 어떤 내용이 되풀이되는가?

둘째, 어떤 점이 새롭기에 그 에피소드가 1부의 유사 에피소드와 뚜렷이 달라지는가?

한 가지 덧붙이자면, 2부 1장에서 크리스티아나의 영적 고투는 신학적 범주상 죄를 자각하는 상태에 속한다. 버니언이 이 에피소드에서 우리에게 제시하는 신학적 사실의 친숙한 특징은 무엇인가?

멸망의 도시에서
해석자의 집까지의 여정

02

▼▼▼

줄거리

크리스티아나와 네 아들이 멸망의 도시를 빠져나가기로 결정하자마자 누군가가 문을 두드리는 소리가 들린다. 찾아온 이는 이웃에 사는 두 여인이다. 그중 한 사람 소심 부인(Mrs. Timorous)은 위험하기로 소문이 자자한 길을 나서다니 미친 것 아니냐며 크리스티아나를 욕한다. 문가에 서 있던 또 한 사람 온화(Mercy)는 잠시 동안만 크리스티아나와 동행해 주기로 마음먹는다. 소심 부인은 집으로 돌아가고, 얼마 후 경박 부인(Mrs. Lightmind), 무식 부인(Mrs. Know-nothing), 음탕 부인(Madam Wanton) 등 이름만 들어도 어떤 사람인지 알 수 있는 아주 악한 이웃들이 이 여인의 집으로 몰려온다.[1]

한편, 크리스티아나와 온화는 왕의 대로로 접어들고, 크리스티아나(천국의 왕이 보낸 초대장을 가지고 있는)는 좁은 문에 이르면 온화를 위해 중재를 해주겠다고 약속한다. 낙심의 늪에 이른 여행자들은 처음에는 어찌할 바를 몰라 하지만, "이곳을 순례자들이 다니기 좋게 만들라는 왕의 명령에 따라" 놓인 디딤돌을 밟고 다소 수월하게 늪을 건넌다.[2] 여기까지 이르렀을 때 우리는 "명민 씨가 가버려서 나 혼자 꿈을 꾸었다"는 문장을 보게 되며, 여기서부터는 1부에서처럼 해설 방식으로 돌아가서 이야기가 진행된다.

---

[1] 이웃 여인들이 크리스티아나를 찾아오는 장면에서 우리는 2부에서 버니언이 여성들에게 관심을 갖고 이야기 소재를 골랐다는 점을 뚜렷이 인식하게 된다. 이 관심은 크리스티아나와 동행하는 온화라는 젊은 여성에게까지 확대된다. 한편, 크리스티아나가 (낙심의 늪부터 시작해서) 남편이 지나간 곳을 똑같이 밟아간다는 사실은 그리스도인의 삶이 본질상 성별을 초월한다는 점을 일깨워 준다.

[2] 낙심의 늪은 죄를 의식하면서도 그리스도를 믿는 믿음의 삶을 제대로 확립해 나가지 못하는 사람에게 쉽사리 밀어닥치는 절망을 상징한다. 여섯 명으로 이뤄진 이 여행자 일행이 그럭저럭 비교적 수월하게 이 늪을 통과하는 것은 이들이 연민의 조언에 따라 "한 걸음 한 걸음 조심해서" 옮겼기 때문이다. 1부에서 크리스천이 낙심의 늪에서 허우적거리는 부분을 보면, '발걸음'은 하나님의 약속임을 알 수 있다.

여정의 다음 번 사건은 좁은 문 도착이다. 크리스티아나가 문을 두드리자 개 짖는 소리가 들리고 일행은 겁에 질린다.[3] 하지만 문지기가 개들을 조용히 시킨 후 문을 열어 준다. 왕의 초대장을 갖고 있지 않은 온화는 혹여 왕에게 거부당할까 두려워 문 밖에서 몸을 떤다. 하지만 온화도 마침내 문을 두드리고, 입장이 허가된다. 문지기는 순례자들에게 용기를 북돋아 주는 말을 한다.

순례자들이 문지기에게 저 무서운 개를 좀 어떻게 해달라고 하자 문지기는 근처 성의 성주(城主)가 개 주인이라고 대답한다. 게다가 이들은 개가 짖는 데에는 유용한 목적이 있다는 것을 알게 된다. 참 순례자들은 개 짖는 소리를 두려워하면서도 용기를 내서 천국으로 계속 나아갈 결심을 하게 된다는 것이다. 그때 또 한 가지 공포가

---

3 여행자들을 겁먹게 하는 개 짖는 소리는, 버니언이 모험담(그리고 그 하위 범주인 공포물) 장르의 글을 쓰고 있다는 것이 2부에서도 여전히 유효하게 작동한다는 점을 우리에게 알려 준다. 또한 이는 《천로역정》의 주요 부분을 구성하는 판타지[실제에서 있을 법하지 않은] 요소에도 불구하고, 이야기 속에 평범한 사실주의 경향도 있다는 점을 일깨워 주기도 한다. 이웃집에서 키우는 무서운 개에 관한 기억은 누구에게나 있으니 말이다.

우리 앞으로 밀고 들어온다. 크리스티아나의 아들들이 순진하게도 담장을 넘어온 원수의 집 나뭇가지에서 열매를 따고 만다. 이에 "아주 흉하게 생긴" 남자 둘이 나타나 여인들과 아이들을 위협한다. 여인들이 공포에 질려 비명을 지르자 구조자(the Reliever)가 달려와 이들을 구해 준다. 크리스티아나는 멸망의 도시에서 한 꿈을 꾸었을 때 꿈속에서 바로 그 남자들이 나타나 "어떻게 하면 내 구원을 방해할 수 있을까 하고 음모를 꾸몄다"고 이야기한다. 이들 일행은 다시 길을 가다가 잠시 후 아름다운 집에 도착한다.

해설

멸망의 도시를 떠나기로 결심하는 시작 장면에 이어, 실제로 떠나는, 혹은 출발하는 장면이 등장한다. 옛적부터 존재하는 문학상의 관례대로, 크리스티아나가 도시를 떠나기로 결정했다는 소문을 듣고 이웃들이 찾아온다. 이들이 찾아온 것은 떠나는 것을 돕기 위해서이거나 방해하기 위해서다. 소심 부인과 온화는 서로 대조되는 역할을 하는 사람들로서, 한 사람은 죄 가운데서 길 잃은 상태가 나타내는 위험에 대해 아무 생각이 없고, 또 한 사람은 구원을 위한 영적 탐구 앞에서 초기 단계의 동요를 느낀다.

여정의 첫 구간에서는 자매편의 원리와 관련해 앞에서 대체적으로 이야기한 내용이 실험된다. 순례자들은 1부에서 크리스천이 맞닥뜨린 낙심의 늪에 이르지만, 이들은 크리스천처럼 이 늪의 존재에 당황하지 않는다. 또한 순례자들은 크리스천과 마찬가지로 좁은 문 앞에 도착하지만, 1부와의 유사성은 이것으로 끝이다. 1부에서는 화살이 날아와 순례자들의 전진을 방해하는데, 2부에서는 화살이 날아오는 게 아니라 개가 짖는다. 1부에서는 순례자 한 사람만 문 안으로 들어가면 되었지만 2부에서는 이 과정이 복잡해진다. 걱정에 잠긴 온화 때문에 일이 지체될 뿐만 아니라, 문 안으로 들어가기가 단번에 끝나지 않기 때문이다. 크리스천은 이 좁은 문을 지날 때 율법주의자 씨와 세상의 현인 씨같이 그럴 듯한 말로 꾀는 이들에게 유혹을 받은 반면, 크리스티아나 일행은 약한 사람을 괴롭히는 불량배들과의 드잡이에서 구출되어야 하는 상황이 된다.

묵상과 토론을 위해

"이야기로서의 이야기" 면에서, 버니언이 어떤 도구를 써서 우리의 상상 속에서 인물들의 행동이 살아 움직이게 만드는지 곰곰이 생각해 보는 것도 유익하다. 어떤 점에서 이 장은 좋은 이야기 자료가 되는가? 영적 풍유 면에서, 순례자들의 다양한 체험은 회심을 향해 나가는 영혼 안에 믿음이 최초로 각성되는 것에 관해 무엇을 구체적으로 표현하는지 탐구할 필요가 있다. 이 문제에 접근하는 또 하나의 방법은, 2부에서 버니언은 신학에서 말하는 "구원의 서정"을 상세히 설명하고자 한다는 전제에서 시작하는 것이다. 구원의 서정에서 첫 단계는 무엇인가?

해석자의 집

03

▼▼▼

줄거리

해석자의 집 문 앞에 이른 크리스티아나가 문을 두드리자 순진(Innocent)이라는 젊은 여인이 문을 열어 준다. 그 집에 사는 사람들은 전에 멸망의 도시를 떠나기를 거부했던 장본인이 지금 순례자가 되어 나타났다는 사실에 "기뻐 뛰었다." 기쁘고 반갑게 순례자들을 맞이하는 장면이 이어진다. 크리스천은 해석자의 집을 찾았을 때 다양한 그림과 물건들을 보았고 교훈을 주는 사람들을 만났는데, 크리스티아나도 똑같은 일을 겪지만 세부적인 내용은 다르다.[1]

첫 번째 예로 한 방에 들어가니 "갈퀴"를 든 한 남자가 아래쪽만 내려다보고 있고 누군가[그리스도]가 그 사람 위편에 서서 면류관을 내밀고 있다. 남자는 위쪽을 올려다보려고 하지도 않고 갈퀴로 "바닥의 지푸라기, 작은 나무토막, 먼지"를 끌어 모으기만 한다. 다음으로, 흉측하게 생긴 거미 한 마리밖에 없는 넓은 방은 가장 기대되는 곳(심지어 왕의 궁전)에서도 사람을 제어할 수 있는 죄의 독성을 상징한다. 또 다른 곳에서 본 병아리는 덕망 높은 왕을 상징하고, 자신의 죽음을 묵묵히 받아들이는 양은 불평 없이 고난을 감당할 필요성을 조용히 알려 주고, 꽃이 만발한 뜰은 열매를 맺어야 할 필요성을 나타내며, 울새 한 마리는 진정한 그리스도인이 아니라 이름뿐인 그리스

---

1 순례자들이 집안으로 들어선 뒤 사실상 가장 먼저 일어나는 사건은 해석자의 "의미 있는 방들"을 구경한 것으로, 이에 대해서는 크리스천이 이 집을 방문했을 때 꼼꼼히 살펴보았다. "철창에 갇힌 남자, 남자와 그 남자의 꿈 … 그때 크리스천에게 그토록 유익했던 그 외의 것들과 함께." 버니언은 우리가 해석자의 집 첫 번째 방문 때를 떠올리기를 바라는 게 분명하지만, 똑같은 내용을 반복해서 우리를 지루하게 만들지는 않으려고 하는 것 또한 분명하다. 존 밀턴처럼 버니언도 성경에서 한 구절을 취하여[예를 들어 잠언 30장 28절의 "손에 잡힐 만하여도 왕궁에 있는 도마뱀이니라"(KJV에서는 "도마뱀"이 아니고 "거미" – 옮긴이)] 그 구절을 바탕으로 하나의 사건 전체를 엮어나가는 데 대가이다. 이 전략을 분석하면 다음 두 가지 사실을 알 수 있다. 첫째, 버니언의 창의적 상상에는 자원이 풍성하다. 둘째, 성경 주해가(성경 본문 해석자)로서의 버니언의 모습을 언뜻이나마 볼 수 있다.

도인의 한 상징 역할을 한다. 그 후 해석자는 여러 가지 잠언을 한참 나열한다.

여러 가지 교훈을 얻은 오후 시간이 지난 후 순례자들은 식탁에 둘러앉아 그간의 여정에서 있었던 일들을 이야기한다.[2] 하룻밤을 지낸 후 그 집에서 늘 있는 환대 의례가 순례자들 앞에 펼쳐진다. 목욕을 하고, 새 옷으로 갈아입고, 담대(Great-heart)라는 무장한 호위자와 함께 길을 나서는 것이다.

---

[2] 버니언이 《천로역정》에서 행하는 또 한 가지 창의적인 일은, 어떤 사건을 "꿈" 속에서 본 것으로 이야기하고, 다음에는 이야기 속의 한 인물이 그 사건을 자기 이야기로 풀어서 경청자에게 들려주게 한다는 것이다. 예를 들어, 온화가 크리스티아나와 함께 여행을 계속해 나가기로 결심한 것에 관해 해설자가 이야기할 때 우리는 온화의 사연을 외부에서 바라보지만, 나중에는 온화가 해석자의 집 저녁 식탁에 앉아 자신이 어떻게 해서 순례길에 나서게 되었는지 직접 설명하는 말을 듣게 된다.

해설

해석자의 집 두 번째 방문이 크리스천의 첫 번째 방문을 단순히 되풀이하는 것일지 모른다는 염려는 곧 사라진다. 되풀이되는 요소는, 환대 의례가 펼쳐지는 것과 교훈 목적이 이 방문의 기조라는 것뿐이다. 그 외에 창의적 세부 묘사 및 가르치고 배우는 내용들은 크리스천이 그 집에서 경험한 것을 보완한다.

이 에피소드에서 효과적으로 작동하는 전제는, 그리스도인이 경건한 삶을 살려면 무엇을 알아야 하는지에 관해 버니언이 그 범주를 폭넓게 보여 주려 한다는 것이다. 예를 들어, 어떤 세부 묘사는 그리스도인이 피해야 할 것들(갈퀴질하는 사람의 세속적 마음 자세, 거미로 상징된 죄)에 관한 경고다. 정치적 삶도 여기 포함된다(경건한 왕을 상징하는, 하늘을 바라보는 병아리). 그 외에 도덕적 삶도 희미하게 감지할 수 있다(서로 평화롭게 피어 있는 다양한 꽃들).

묵상과 토론을 위해

해석자의 집에는 개별적인 세부 내용이 아주 많아서 자칫하다가는 그 안에서 길을 잃을 수 있다. 그래서 이 장은 천천히 읽어나가면서 개별적 교훈들을 충분히 이해해야 한다. 다양한 세부 사항이 그리스도인의 삶을 살아가는 데 필수적인 정보의 합성 초상화(composite portrait)라고 가정한다면, 그 주제와 관련해 우리는 어떤 개괄적 결론을 내릴 수 있을까? 개인적으로, 해석자의 집 에피소드에는 그리스도인의 삶에 관한 어떤 새로운 통찰이 담겨 있다고 보는가? 그 새로운 통찰이 놀랍게 여겨지는가?

아름다운 집까지의 여정

04

▾▾▾

줄거리

여섯 순례자는 무장한 군인 담대의 보호를 받으며 해석자의 집에서 출발한다. "말과 행동으로써 용서"받으리라는 게 무슨 뜻인지 설명해 달라고 크리스티아나가 말하자 담대는 그리스도의 의 및 그 의를 신자들에게 나눠 주는 것에 관해 신학적으로 길게 대답한다.[1]

---

[1] 조직신학의 관련 부문에서 그리스도의 속죄 사역에 관한 내용을 읽으면 이 장 초반 담대의 강설을 이해하는 길잡이가 될 수 있다. 조직신학 책을 구할 수 없으면 로마서 5장 18~21절을 읽는 것도 좋은 생각이다. 로마서 이 구절은 그리스도의 실제적 의와, 그리스도의 대속을 믿는 믿음으로써 이 의가 자신의 의가 된다고 주장하는 신자들에게 이 의가 적용되는 것에 대해 말한다. 《천로역정》의 일부 판본에는 신약성경 서신서의 관련 구절이 실려 있다.

이렇게 길게 가르침을 받는 과정을 뒤로 하고 모험의 여정은 계속된다.

이들이 첫 번째로 겪는 무시무시한 일은 단순이, 늘보, 건방이의 시체가 길 옆 쇠사슬에 매달려 있는 광경을 본다는 것이다.[2] 이 세 사람이 얼마나 나쁜 자들이었는지 담대가 설명하는 말을 들으면 우리는 이들의 죽음을 순순히 받아들이게 된다. 원기를 회복시켜 주는 샘물을 마신 후 순례자들은 고생 산을 오르기 시작한다. 산을 오르

---

[2] 버니언이 창작하는 풍유적 이름은 여전히 이야기의 주된 특징이자 매력이며, 이 이름과 관련된 유머 요소도 곳곳에 숨어 있다. 순례자가 가야 할 길에서 벗어난 사람들의 목록, 즉 단순이, 늘보, 건방이는 그 길을 가는 태도, 즉 속도도 느리고, 숨가빠 하고, 열의도 없고, 멍청하고, 둔감한 것을 가리킨다.

[3] 버니언은 확실히 가지각색의 모험을 향한 본능이 있는데, 고생 산을 느릿느릿 올라가는 길에 만나는 여러 가지 위협들이 바로 이 본능에 따라 정해진다. 산을 오르는 건 힘들지만 이 힘듦은 시원한 나무 그늘을 만나는 것으로 상쇄된다. 실제 여정의 사실주의는 사자들 및 단 한 번의 싸움으로 진압되는 거인 판타지를 배경으로 한다. 그리고 악몽 같은 그 경험은 여행자들이 안전한 집에 이르고 그 집 문지기가 지킴이 씨(Mr. Watchful)라는 안심되는 이름을 가진 것으로 균형이 잡힌다.

는 중에 이들은 "왕의 나무 그늘"에서 휴식한다.[3]

두루마리를 잃어버린 크리스천의 실수를 되풀이하듯 크리스티아나는 기운을 내게 해주는 음료수가 담긴 병을 나무 그늘에 두고 간다.

순례자들은 의심이와 소심이가 크리스천을 만류해 더 가지 못하게 하려 했던 장소를 지나, 크리스천을 겁에 질리게 했던 사자가 보이는 곳에 이른다. 담대는 용감하지만, 잔인(Grim)이라는 거인이 여행자들을 위협한다. 담대는 일대일 싸움으로 거인 잔인을 토막 내고, 일행은 다시 발걸음을 옮겨 아름다운 집의 문지기 오두막에 이른다.[4] 그런데 당황스럽게도 담대는 그날 밤 자기 주인에게 돌아가야 한다고 순례자들에게 알린다(담대는 나중에 순례자들이 아름다운 집을 떠날 때 이들을 안내하러 다시 돌아온다).

---

4 거인을 죽이는 것은 작가들이 좋아하는 모티프로, 다윗이 골리앗을 죽인 것이 역사적 원형이다. 사무엘상 17장에 기록된 이 이야기는 담대가 잔인 거인을 정복한 일과 병행해서 읽기 좋다. 성경 외에 일반 소설에서 이와 동일한 모티프를 지닌 이야기를 찾아볼 수도 있다. 팔이나 머리를 치는 것은 영웅 전설에서 모양새 좋은 싸움 장면을 위해 사실상 없어서는 안 되는 부분이다.

해설

이 에피소드는 교훈적 강설과 영웅적 모험 두 부분으로 나뉜다. 신자에게 나눠 주시는 그리스도의 실제적인 의에 관한 담대의 강설은 책 전체에서 신학적 성격이 가장 뚜렷한 부분이다. 조직신학 책에서 그리스도의 의를 다루는 부분을 읽어본다면 훌륭한 병행 독서가 될 것이다. 이 장 후반부는 가장 탁월한 모험담이나 판타지 전통에 속한다. 처형당한 범죄자의 시체가 만인 앞에 전시되고, 초자연적 힘으로 기운을 회복시켜 주는 샘물이 등장하고, 힘들게 산을 오르고, 낙원 같은 나무 그늘과 목숨을 위협하는 사자가 나오고, 선을 상징하는 영웅적 전사가 공개적 싸움에서 거인을 물리치는 광경은 영웅 서사에 으레 등장하는 특징이다.

묵상과 토론을 위해

그리스도의 의에 관한 담대의 강설은 세심한 읽기와 신학적 분석을 요구한다. 버니언은 구원과 관련된 어떤 특정한 교리를 이 부분에 집어넣는가? 가르침 장면을 넘어 모험 여정으로 넘어갈 때, 세부 묘사된 이야기와 판타지 중 어떤 것에 가장 관심이 가는가? 비슷한 이야기(C. S. 루이스와 J. R. R. 톨킨의 모험담 같은)에서 어떤 유사 사건이 《천로역정》이 부분을 설명할 때 선명한 의미를 제공해 주는가?

아름다운 집을
방문하다

05

▼▼▼

줄거리

문지기인 지킴이 씨는 늘 그렇듯이 여행자들이 어떤 사람들인지 크리스티아나에게 묻고, 그런 다음 이들을 집안으로 들인다. 식사가 이어지고, 천상의 음악이 집안을 가득 채운다. 아침이 되자 온화는 천사가 자신을 천국으로 인도하는 꿈을 꾸었다고 말한다. 분별이, 경건이, 자애는 이 여행자들에게 좀 더 머물기를 청하고, 여행자들은 이 청을 받아들인다. 이어서 분별이는 크리스티아나의 자녀들에게 교리문답의 질문을 하고, 이들은 막힘없이 대답한다.[1]

그때 기운찬 씨(Mr. Brisk)라는 손님이 "믿음에 관심 있는 사람인 척"하면서 찾아와 젊은 여인 온화의 환심을 사려고 한다.[2] 온화가 그리스도인으로서 모범적인 행실을 보이자 기운찬 씨는 온화에게 흥미를 잃는다. 그 다음 위기는 마태가 몸이 아파 노련(Skill)이라는 의사의 왕진을 요청할 때 발생한다. 무얼 먹었느냐는 질문에 마태는 일행과 함께 하던 길에 담장을 넘어온 나뭇가지에 매

---

1 C. S. 루이스가 한 번은 말하기를, 중세 시대의 상상력은 너무 교훈적이어서("가르치려는 의도가 있어서") 당시 독자들은 가르치려는 의도가 뻔히 드러나는 구절이 나오면 으레 그러려니 했다고 한다. 루이스의 말을 빌리자면, 작가가 너그러워서 "약간의 교리까지 덤으로 알려" 준다면 "교리는 이 이야기와 무관하다고 아는 체하면서 이를 거부할 만큼 무뚝뚝한 사람이 어디 있겠는가?" 버니언의 청교도적 상상력은 정확히 그 정도로 교훈적 성질을 지닌다. 이 장에 교리적 소재가 그렇게 많이 등장하는 것은 달리 설명할 도리가 없다.

2 기운찬 씨는 온화의 구애자로서 완전히 부적격자이긴 하지만, 그럼에도 그 덕분에 뜻밖의 낭만적 사랑의 모티프가 이야기에 도입된다. 여기서 전개되는 이야기의 원형은 문학 작품에서 흔히 볼 수 있다. 고결한 젊은 여성이 세속적이고 자격 없는 남자의 관심을 끈다는 것이다. 이 사건이 여기 배치됨으로써 온화가 크리스티아나의 아들 마태와 마침내 사랑하는 사이가 되는 것을 조금 더 수월하게 받아들이게 되는 것 같다. 이 사건이 아니었다면 둘의 관계를 받아들이기가 어려웠을 것이다. "믿음에 관심 있는 척"하지만 사실은 "세상에 착 달라붙어 있는" 사람인 기운찬 씨는 청교도들이 특히 싫어하는 유형을 대표한다.

달린 열매를 따 먹었다고 털어 놓는다. 노련 의원(醫員)은 알약을 처방해 주고, 약을 먹은 마태는 병이 낫는다. 또한 노련 의원은 남은 여정을 위해 여분의 알약을 몇 상자 만들어 준다.

    병이 나은 마태는 영적 삶에 관해 분별이에게 일련의 질문을 하고 적절히 가르침 받는다. 아름다운 집에서 한 달을 머문 뒤 여행자들은 다시 길을 떠나고 싶다는 뜻을 밝히고, 이에 아름다운 집 사람들은 관례에 따라 이들에게 길을 가면서 묵상할 수 있는 무언가를 준다. 일행은 그 집 사람들이 이끄는 곳으로 가서 야곱의 사다리와 천사들이 그 사다리를 오르내리는 것을 보고, 이어서 황금 닻이 매달려 있는 곳으로 간다. 다음으로 이들은 아브라함이 이삭을 바친 산에 오른다. 일행이 집으로 돌아온 후 담대 씨가 앞으로의 여행을 위해 상징적 의미가 담긴 포도주와 음식물을 가지고 도착한다. 일행은 담대의 보호를 받으며 아름다운 집을 떠난다. 마지막으로 경건이는 크리스티아나 일행이 아름다운 집에서 무엇을 보았는지 한 눈에 알 수 있는 "일람표"를 주어서 이 집을 찾았던 것을 기억할 수 있게 한다.

해설

 이번 에피소드를 지배하는 이야기 원리는 "같지만 다르게"(the same in the other)다. 아름다운 집과 거기 사는 사람들은 1부에서 크리스천이 이 집을 찾았을 때와 똑같다. 그래서 크리스천이 이 집을 찾아왔던 부분을 1부에서 얼른 다시 읽어보고 그 때 어떤 일이 있었는지 기억을 새롭게 해보는 게 도움이 된다. 1부 그 부분을 다시 읽어보면, 버니언이 중복을 피하기 위해 해야 할 일은 다했다는 것이 분명해진다. 우선, 아름다운 집을 찾아온 손님들이 다르다. 온화가 구애를 받는 장면이나 마태가 병이 나는 장면에서는 크리스천이 그 집에서 겪은 일과 전혀 다른, 가정적인 필치를 느낄 수 있다. 온화가 천국 꿈을 꾸고 크리스티아나의 아들들이 요리문답 수업을 하는 막간의 장면도 마찬가지다. 이 장에서는 다양한 모험담을 꾸려가려는 버니언의 본능이 생생하게 잘 드러난다.

 한편, 달라지지 않고 그대로인 점도 있다. 달라지지 않은 점 중 하나는, 아름다운 집을 찾는 목적이 그동안 고단한 길을 왔으니 그 집에서 쉬면서 심신의 원기를 회복하려는 것이었다는 점이다. 이런 여행담에서 어떤 집을 찾는 두 번째 목적은 가르침을 위해서다. 여행자들이 임무를 완수하는 데 필요한 정보를 얻으니 말이다. 버니언은 그리스도인의 삶을 끈기 있게 살아나감으로써 천국에 이르는 이야기를 하고 있으므로, 이런 가르침이 그 주제에 관해 세부적으로 무엇을 말해 주는지 깊이 생각해볼 필요가 있다.

묵상과 토론을 위해

버니언이 들려주는 이야기를 온전히 즐기는 한 가지 바람직한 방법은, 흥미로운 이야기체 사건을 생각해 내는 그의 창의성에 주목해 보는 것이다. 모험담은 기발한 이야기 소재로 독자를 설득해야 한다. 그렇다면 버니언은 이 에피소드에서 그와 같은 기대를 어떻게 충족시키는가? 이어서, 《천로역정》의 주 목적은 그리스도인의 삶의 본질 및 기독교 신앙의 교리적 내용을 깊이 생각해 보게 하는 것이다. 버니언이 온화의 천국 환상, 야곱의 사다리가 있는 풍경, 황금 닻, 그리고 아브라함이 아들 이삭을 바친 산 같은 곳을 세세히 묘사하는 이유가 무엇인가? 이런 특별한 세부 묘사가 왜 필요한가?

굴욕의 골짜기를 지나는 여정

06

▼▼▼

줄거리

다시 길을 가기 시작하면서 순례자들은 크리스천이 괴물 아볼루온과 생사를 건 싸움을 벌인 굴욕의 골짜기에 이른다. 그런데 버니언은 여기서 우리에게 한 가지 놀라움을 안긴다. 이 골짜기는 사실 "순례자의 삶을 좋아하는 사람들"에게 친절한 곳이다. 따라서 이 골짜기는 풀밭이 펼쳐져 있고 백합이 피어 있는 낙원 같은 곳으로 묘사된다. 하지만 여행담의 리듬에 맞게 이 목가적 오아시스는 또 한 차례 닥칠 무시무시한 시련의 전주곡일 뿐이다.[1]

"덫 투성이 길"에 이른 일행은 부주의(Heedless)라는 사람이 "살이 갈가리 찢긴 채 왼편 도랑에 던져져" 있는 것을 본다.[2] 하지만 처음의 이 공포는 동굴에서 갑자기 나타난 거인 철퇴(Maul)에 비하면 아무것도 아니다. 철퇴의 주특기는 여자와 아이들을 납치해서 하나님의 나라에서 먼 곳으로 데려가는 것이다. 또 한 번의 일대일 결투가 이어지고, 담대가 마침내 "거인의 목을" 친다.³ 결투가 끝난 뒤 여행자들은 앉아서 먹고 마신다.⁴ 잠시 후 이들은 버니언이 창작해낸 인물 중 가장 매력적인 사람으로 손

---

1 《천로역정》 1부에서 굴욕의 골짜기가 크리스천에게 심히 위협적인 시련이었기에 2부에서 일어나는 반전에 우리는 충격을 금할 수가 없다. 이런 우리에게는 설명이 필요한데, 크리스천의 체험을 기념하여 세워진 기둥이 이를 제공한다. "크리스천이 여기 오기 전에 실족한 일, 그리고 이곳에서 겪은 싸움이 후에 오는 사람들에게 경계가 될지라." 달리 말해, 굴욕의 골짜기에서의 체험이 어떤 성격의 체험이 될지는 그 사람의 영적 상태에 좌우된다. 크리스천은 어떤 면에서 크리스티아나와 달리 죄에 에워싸여 있었다고 추론할 수 있다. 이 점과 관련해 크리스티아나는 천상의 도시까지 가는 순례 길을 남편 크리스천에 비해 훨씬 수월하게 찾아나간다고 말해야 할지도 모른다.

2 야고보가 갑자기 병이 나서 아름다운 집에서 노련 의원에게 받아둔 약을 먹고 기운을 차리는 광경에서 우리는 C. S. 루이스의 나니아 이야기에서 루시의 묘약 같은 마법의 약이 등장하는 친숙한 판타지 세계에 들어선다. 판타지 소설을 얼마나 많이 읽었느냐에 따라 다른 사례들도 그만큼 많이 떠오를 것이다.

꼽히는 정직(Honest) 씨를 만난다.

담대와 정직 사이에 인사가 오간 후 일행은 계속 길을 간다. 담대는 정직의 고향 마을 우둔(Stupidity) 출신인

---

3 버니언의 작품은 이야기 소재 및 이야기 속에 녹여 넣는 모티프의 폭이 넓기로 유명하다. 기적적 치유라는 동화 모티프가 등장하는 구절에 바로 뒤이어, 성경에 바탕을 둔 또 한 가지 사건이 일어난다. 순례자들을 위협하던 마귀가 갑자기 이들 앞에서 사라지는데, 여기서 우리는 야고보서 4장 7절에 주어진 약속이 이뤄지는 사례를 목격한다. "마귀를 대적하라 그리하면 너희를 피하리라." 언젠가 찰스 스펄전이 말했다시피, 버니언이 성경을 놀랄 만큼 속속들이 알고 있다는 사실이 그가 이야기를 구성할 때 계속 드러나고 있다. 스펄전은 다음과 같은 말을 자주 인용했다. "그를 아무 곳이나 찔러 보라 … 성경의 참 정수(精髓)가 그에게서 흘러나올 것이다. 그는 성경 본문을 인용하지 않고는 한 마디도 하지 못한다. 영혼이 하나님의 말씀으로 가득하기 때문이다."

4 《천로역정》은 버니언이 쓴 다른 영적 이야기인 《거룩한 전쟁》(*The Holy War*)과 종종 대조된다. 《천로역정》은 순례를 다루고 《거룩한 전쟁》은 전쟁을 다룬다는 점을 근거로 흔히들 이 둘을 전혀 성격이 다른 작품으로 본다. 그러나 담대와 잔인 거인의 본격적 일대일 결투 장면이 보여 주듯 상황은 그렇게 단순하지 않다. 삽화가 들어 있는 《천로역정》을 읽는 사람이라면 무장한 전사를 그린 삽화가 얼마나 많은지를 보고 놀라지 않을 수 없을 것이다.

두려움 씨(Mr. Fearing)에 대해 아느냐고 정직에게 묻는다. 정직이 안다고 대답하자, 천상의 도시까지 가는 길 안내자인 담대는 천국에 이르는 순례 길에 두려움 씨를 안내하면서 힘들었던 이야기를 길게 털어 놓는다. 두려움 씨 이야기를 하다 보니 자연스레 여행자들이 영적 두려움

---

5 두려움 씨 이야기(그의 순례 길을 안내한 담대가 들려주는)는 놀라운 결말의 서스펜스 단편이다. 이 이야기의 서스펜스 요소는, 두려움 씨처럼 그렇게 소심하고 자기주장이 없는 사람은 순례 여정을 끝까지 마칠 수 없을 거라는 우리의 예측에 있다. 우리는 두려움 씨가 도중에 낙오할 것이라 줄곧 예측하며, 그래서 그가 언제 어떻게 마지막을 맞을까 하는 서스펜스가 구축되기 시작한다. 하지만 여행자요 영적 순례자로서의 그 모든 부적격성에도 불구하고 두려움 씨는 절대 순례 여정을 그만두지 않는다. 두려움 씨가 정말로 천상의 도시에 들어간다는 것을 알고 우리는 깜짝 놀라게 되며, 그가 자기 자신이나 다른 사람에게 짐이 되었음에도 "자신에 관해 단 한 번도 의심을 품지 않았다"고 담대가 회고하는 말에는 더더욱 놀라게 된다.

6 크리스티아나가 순례 여정에서 크리스천에 비해 수월한 시간을 보내는 주된 이유는 담대가 안내자이자 보호자 역할을 하기 때문이다. 담대는 여행자의 길 안내자이자 동행으로 알려진, 시간을 초월하는 유형의 인물이다. 그런 안내자의 기능은 언제나 동일하다. 여행자에게 정보를 주고, 조언을 하며, 길을 인도하고, 필요할 경우 적들에 맞서 여행자를 보호하는 것이다.

을 느끼는 이유와 그 두려움이 낳는 바람직하지 못한 결과에 관해 토론이 벌어진다.[5] 그리고 이어서 제멋대로 씨(Mr. Self-will)의 삶과 태도가 구체적으로 보여 주는 방종이 영적으로 얼마나 손해인지를 짤막하게 분석한다.[6] 순례자들이 한 여관에 도착하면서 이 구간의 여정은 예상했던 결론에 이른다.

해설

이 에피소드는 《천로역정》에서 비교적 길이가 긴 편에 속하며, "모든 사람을 위한 무언가가" 있는 에피소드라고 말할 수 있다. 가장 먼저 알아야 할 것은, 사실상 우리에게 두 가지 에피소드가 주어진다는 것이다. 하나는 굴욕의 골짜기를 지나 그 너머까지 가는 순례자들 이야기이고, 또 하나는 두려움 씨가 고향 우둔("멸망의 도시"보다 훨씬 더 안 좋은 곳이다)을 떠나 천상의 도시까지 가는 순례 길을 다루는 이야기 속 이야기다. 이 에피소드를 읽는 두 번째의 유익한 비결은, 다양한 순례자들 이야기를 들을 때 같은 장소가 계속 등장하며(예를 들어 낙심의 늪이나 고생산, 굴욕의 골짜기 같은), 그래서 보편적인 인생 순례 길 여정이 어떤 모습인지 차곡차곡 우리 상상 속에서 구체적 그림으로 완성된다는 점을 깨닫는 것이다.

    우리가 염두에 두어야 할 또 하나의 이야기 원리는 작가들이 긴장과 이완 사이를 왔다 갔다 하는 리듬으로 이야기를 구성한다는 점이다. 예를 들어 익숙한 것과 낯선 것, 예상할 수 있었던 것과 예상치 못했던 것 혹은 놀라운 것 사이를 오간다. 이 원리가 제대로 드러나는 장이 6장이다. 우리는 불안한 마음으로 굴욕의 골짜기에 들어서는데, 그 골짜기가 사실은 낙원이고 굴욕(humiliation)이 (앞서 크리스천의 경험에서처럼 패배가 아니라) 덕스러운 겸손(humility)으로 긍정적으로 비틀림으로써 그 불안한 예상은 완전히 뒤집힌다. 목자 소년이 노래를 하는 푸른 풀 무성한 골짜기는 영웅적 전사 담대와 악한 거인 사이의 대서사시적 싸움에 길을 내준다. 이제 친숙해진 인물 유형(크리스티아나의 가족, 온화, 그리고 안내자 담대)이 정직 노인의 등장으로 갑자기 범위가 넓어진다.

    "이야기 속 이야기"인 두려움 씨의 순례 이야기에 상당히 많은 지면이 주어지는 것은 이 이야기가 버니언의 구상에 중요한 부분임을 알려 준다. 두려움 씨의 순례의 가장 중요한 역할은 순례기에 또 하나의 이야기를 더해 준다는 것이다. 버니언의 이야기를 따라 계속 나가다 보면 다양한 사람들의 영적 여정을 계속 일별하게 되는

데, 이렇게 계속 쌓여가는 메타내러티브("모든 이야기에 우선하는 중요한 이야기")가 보내는 메시지는, 멸망에서 구원으로 가는 여정은 천국을 획득하는 모든 사람에게 공통되는 여정이라는 것이다. 천국에 이르는 한 길이 있지만, 각 신자는 그 길을 개인적으로 체험해야 한다. 또 한 가지, 두려움 씨는 평생 힘든 여정을 이어갔지만, 두려움이라는 바로 그 이름 때문에 그의 인생 이야기는 하나님의 능력을 확신하지 못하고 두려움과 염려에 사로잡힐 때 어떤 나쁜 결과가 따르는지에 대한 사례 연구감이 되고 만다.

한편, 이 부분에 추가되는 제멋대로 씨 이야기는, 그리스도인의 삶을 포괄적으로 그려 보인다는 책 전체의 서사적 전제에 따라 영적 삶을 다른 방향에서 분석한다. 순례자들은 제멋대로 씨의 인생 철학이 낳는 나쁜 결과를 분석하는데, 이들의 말을 들으면 감각적 쾌락에 탐닉하는 사람이 어떻게 해서 천국에 이르지 못할 수 있는지를 깊이 생각해 보게 된다.

묵상과 토론을 위해

이 에피소드에서도 우리는 1부에서 접한 사건과 장소들을 다시 떠올리게 된다. 크리스천이 갔던 곳에 크리스티아나와 자녀들도 가며, 이어서 두려움 씨의 순례 이야기는 순례의 일반적 패러다임이 또 어떻게 변형될 수 있는지를 보여 준다. 《천로역정》이라는 작품을 완전히 통달하려면, 이야기에 등장하는 장소의 지도를 (기본적으로라도) 그려볼 필요가 있고, 그 장소의 성격 및 거기서 일어나는 사건들도 파악해야 한다. 그런 지도를 완성하기 위해서는 이야기의 여러 부분에서 세부 묘사들을 종합해 봐야 하며, 이는 본문을 면밀히 읽어나가게 하는 탁월한 자극이 된다.

물론 버니언의 이야기에서 물질의 차원은 영적 현실을 상징한다. 그래서 일단 순례 여정의 전체 지도를 만들어 보면, 그 속의 이야기가 이 세상에서의 그리스도인의 삶에 관해 무엇을 구체적으로 표현하고 가르치는지 분석할 수 있다. 그리스도인은 어떤 함정에 빠지기에 그 나라에 이르지 못하는가? 경건의 장애물을 극복하기 위해 그리스도인들이 발휘할 수 있는 덕목은 무엇인가?

가이오의 여관에서

07

▼▼▼

줄거리

순례자들은 가이오(Gaius)라는 여관주인의 집에 도착한다. 후한 대접을 받는 의례가 펼쳐지고, 가이오는 크리스티아나의 남편 크리스천이 원래 안디옥 출신에다가 스데반과 사도들 같은 순교자를 낳은 고귀한 가계(家系)에 속해 있다고 알려 준다.[1] 대화가 계속 이어져 믿음이 한 세대에서 다음 세대로 영속되어야 한다는 이야기가 나오자 가이오는 크리스티아나에게 "아들들을 위해 처녀들을 찾아보라"고 권한다. 이는 곧 온화와 마태(크리스티아나의 장남)가 커플이 되는 결과로 이어지고, "시간이 흐른 뒤 두 사람은 결혼했다"고 덧붙여진다. 가이오가 여인들을 찬양하는 말로 이 대화는 절정에 이른다.[2]

저녁이 되자 순례자들을 위해 호화로운 연회가 베풀어진다. 마태와 온화가 결혼할 수 있도록 한 달 동안 머물자는 말이 나오고, 이 요청이 받아들여진다. 저녁 식사 후 아들들은 잠이 들고 어른들은 영적 대화를 나누며 밤을 지새운다.³ 다음 날 아침 식사 후 담대는 그 용맹한 기질

---

1 버니언이 크리스천의 가계를 언급하는 데서는 정말 창의성이 돋보인다. 버니언이 자기 이야기의 주인공을 크리스천이라 부르기로 했을 때 이 이름 자체가 이미 이야기 속 순례자를 원형적, 혹은 보편적 그리스도인으로 만들었기에 이를 토대로 이런 창의성이 나올 수 있었다. 사도행전 11장 26절에서 우리는 안디옥에서 예수의 제자들이 최초로 그리스도인이라 불렸다는 것을 알게 되는데, 그래서 버니언은 안디옥이라는 장소에서 크리스천의 계보가 시작된 것으로 그린다. 그리고 이어서 크리스천의 계보에 순교자들도 있는 것으로 그림으로써 그 후손들의 면면을 특징 짓는 헌신의 힘이 어디에서 나오는지를 이해할 수 있게 한다.

2 가이오가 즉석에서 여인들을 찬미하는 말(전문적으로 찬미 장르에 속하는)에는 청교도들이 덕망 높은 여인들을 찬양하는 말에서 볼 수 있는 특징들이 다 나타난다. 버니언은 청교도들이 여성이 죽었을 때 행하는 장례식 설교를 모형으로 이 찬미의 말을 지어내고 있는 게 거의 확실하다. 이런 설교는 늘 적절한 성경 본문 주해에서 시작해서 경건한 여인들 전체와 특히 고인이 된 여성을 공들여 칭찬하는 말로 이어진다. 경건한 여인들을 칭찬하는 말은 가이오의 강설과 정확히 똑같은 형식이었다. 즉 성경에서 비슷한 예를 찾아 관찰하는 것이다.

에 어울리게 모험에 나선다. 담대는 멸선(Slay-good)이라는 악한 거인의 동굴로 가서 거인의 목을 벤다. 담대의 일행도 심약 씨(Mr. Feeble-mind)라는 순례자를 거인에게서 구출하는데, 이 사람은 어떻게 해서 멸선의 손에 잡혔는지를 설명한다.

순례자들이 가이오의 여관을 떠나기 전 마태와 온화가 결혼을 하고, 뵈뵈(가이오의 딸)도 야고보(크리스티아나의 또 다른 아들)와 결혼한다. 이 중대한 사건들은 단 한 문장으로 서술되며, 대신 작별할 때 일어난 다른 일들에는 아낌없이 지면이 주어진다. 심약 씨가 여관에 계속 머물려고 하자 담대는 그를 설득해 순례 길에 나서게 한다. 그때 목발을 짚은 언제든 중단 씨(Mr. Ready-to-halt)가 도착해 우

---

3 《천로역정》은 민간의 상상을 바탕으로 한 작품이며, 일단 그 전제를 인정하면 밤새워 대화하는 중에 가이오가 졸린 기색을 보일 때 수수께끼 시간이 이야기 속으로 들어와도 놀랄 이유가 없다. 원시 문화 혹은 "민속" 문화는 수수께끼를 문학의 한 형식으로서 좋아한다. 복음서에 기록된 예수의 비유와 말씀에도 수수께끼가 있으며, 이는 "들을 귀 있는 자는 들으라"나 "너희는 어떻게 생각하느냐?"와 같은 형식으로 나타난다. 현대 문학에서 가장 유명한 수수께끼 경쟁은 톨킨의 《호빗》에 나오는 빌보 배긴스와 골룸 사이의 경쟁이다.

리에게 놀라움을 안긴다.[4] 이름으로 보건대 이 두 인물은 고된 순례 여정을 감당할 만한 사람이 아닌 듯하지만, 이들은 일행에 합류해 터벅터벅 튼튼한 사람들 뒤를 따른다.

해설

여기까지 버니언의 이야기를 찬찬히 살펴보면, 이야기의 전개가 대부분 몇 가지의 반복되는 "전형적 장면"(type scenes)에 속한다는 것이 분명해진다. 이 표현은 문학자 로버트 앨터(Robert Alter)에게서 가져온 것인데, 전

---

[4] 크리스천과 크리스티아나의 순례가 대체적으로 동일한 여정에 따라 진행되기는 하지만, 두 이야기는 상당히 정취가 다르다. 1부에서 순례란 강한 사람만 할 수 있는 어떤 것으로 묘사된다. 2부에서 우리는 여성적이고 가정적인 세계로 들어가게 되는데, 이에 어울리게 천국을 탐색하는 일은 약한 사람도 할 수 있는 어떤 일로 그려진다. 두려움 씨의 인생 이야기에서 이미 한 예를 보았는데, 이 사람은 자기도 모르는 사이에 천국으로 들어갔다. 여기 7장에서는 일행이 가이오의 여관을 출발할 때 심약 씨와 언제든 중단 씨가 이들 무리에 합류하는 광경에서 동일한 영적 현실이 기념할 만한 초상으로 그려지는 것을 보게 된다.

형적 장면이란 문학작품에서든 실생활에서든 어떤 주어진 상황에서 계속 등장하는 일련의 공통 요소들을 말한다. 가이오의 여관에서 재현되는 전형적 장면은 지친 여행자들에게 환대가 베풀어지는 장면이다. 순례자들이 가이오의 여관에 도착하는 순간, 그 다음에 어떤 장면이 펼쳐질지 우리는 안다. 문 앞에 도착하고, 집 또는 여관 안으로 들어가고, 여관 주인이나 집 주인이 등장하고, 손님들에게 방이 배정되고, 여행자들이 어떤 사람인지에 관해 질문이 이어지고, 주인과 손님 사이에 대화가 이어지고(여행에 관한 질문을 포함해), 식사를 하고, 잠을 자고, 손님들이 여흥(느슨하게 정의해서)을 즐기고, 마지막에 그 집을 떠난다.

로버트 앨터는 전형적 장면을 가리켜 이야기에 "권능을 부여하는 배경"이라고 말하는데, 이 경우에는 순례 이야기다. 다시 말해 우리는 어떤 일정한 양식(樣式)이 전개되기를 기대하고, 작가가 그 기대에 부응하면 좋아한다.

하지만 전형적 장면은 이 평형 상태의 절반에 지나지 않는다. 위대한 작가들은 무언가 독창적인 것을 창작해서 그것을 친숙한 틀에 올려놓는다. 버니언은 바로 이 부분에서 비범함을 보인다. 크리스쳔이 순례 여정 때 이곳에 머물렀다는 것을 알아도 우리는 크게 놀라지 않지만, 크리스천의 고귀한 가계에 관한 정보는 크리스티아나 못지않게 우리에게도 놀라움을 준다. 더욱 예상치 못했던 것은 온화와 마태의 약혼이며, 이 일은 가이오의 여성 찬미로 확장된다.

어른들끼리 밤새 대화를 나누었다는 것은 손님들이 여흥을 즐긴다는 전통적 모티프의 새로운 변형이다. 마찬가지로 놀라운 것은 가이오가 졸린 기색을 보이자 갑자기 그에게 수수께끼 게임이 제안된다는 것이다. 또한 여관에서 일어나는 일은 전체적으로 아주 신앙 지향적인 분위기이기에, 담대가 "무기를 아주 잘 다루므로" 아침 식사 후 모험에 나서서 악당 한둘 쯤 물리칠 수 있는지 알아보자고 하는 말에 우리는 허를 찔리고 만다.

이 장의 마지막 문학적 특징은 심약 씨가 방황하다가 재난을 당한 일을 이야기할 때 등장한다. 청교도들은 영적 자서전(한 사람 개인의 영적 역사 이야기) 장르를 가장 중요한 자리로 격상시켰다. 심약 씨의 영적 실패 이야기는 소설 형식의 영적 자서전이다. 더 나아가, 순례자들의 다양한 이야기가 《천로역정》에 하나씩 축적됨에 따라 버니언은 순례자 한둘의 이야기가 아니라 여러 사람의 이야기를 하고 있다는 게 분명해진다. 《천로역정》은 마침내 순례 이야기 선집의 모양을 갖추게 된다.

묵상과 토론을 위해

이 장에서는 여행자들이 한 집을 방문하는 모습 중 어떤 친숙한 특징이 재현되는가?

버니언은 여행담의 관례에 영적 향취를 불어넣기 위해 자신의 이야기를 어떤 식으로 꾸려가는가?

심약의 자전적 이야기는 그리스도인의 삶을 사는 방법을 어떤 부정적 사례로 우리에게 가르쳐 주는가?

위험한 여정의 결말

08

▼▼▼

줄거리

　　가이오의 여관에서 사망의 강까지의 여정은 《천로역정》 전체에서 각각 다른 모험 이야기가 가장 촘촘하게 들어찬 부분이다. 일행이 허영의 도시(허영 시장이 있는 곳)에 도착하자 담대는 나손의 집에서 묵자고 한다. 이웃 사람들(통회Contrite, 성인Holy-man, 성도 사랑Love-saint 같은 사람들)이 불려오고, 신앙 문제에 관한 대화가 이어진다. 크리스티아나의 또 다른 아들 사무엘이 나손의 딸 은혜(Grace)와 결혼한다는 사실이 증명하는 것처럼, 여행자들은 "꽤 오래" 그 집에 머문다. 온화는 여전히 "가난한 사람들을 위해 많은" 수고를 하며 지낸다. 나손의 집에 머무는 동안 숲에서 한 괴물이 나왔다가 담대를 비롯해 일행에게 겁을 먹고 돌아간다.

　　다시 길을 나선 일행은 금전 산, 유쾌한 산, 샛길 초장, 의심하는 성 등 우리가 1부에서 알게 된 장소들을 지난다. 기쁨의 산에서는 목자들이 순례자들을 위해 잔치를 베푼다. 목자들은 순례자들을 경이 산(Mount Marvel), 무구 산(Mount Innocent), 자애 산(Mount Charity)으로 데려간다. 여정이 계속 펼쳐지면서 여행자들은 버니언이 창작해낸 또 한 사람의 충실한 일꾼 진리의 용사(Valiant-for-truth)를 만난다.[1] 대화가 이어지고, 진리의 용사가 겪은 또 한 차례의 순례 이야기가 《천로역정》을 구성하는 이야기 목록에 추가된다.

일행이 마법의 땅에 이르면서 여정은 새로운 국면으로 접어든다. 엷은 안개와 어둠이 여행자들에게 내려앉고, "여기서는 길도 아주 지루하다." 마법에 걸린 듯 졸

---

[1] 진리의 용사 씨는 버니언이 만들어낸 인물 중에서 가장 유명하고 사랑스러운 인물이다. 진리의 용사 씨에게서 주목할 만한 점은 그리스도인의 삶을 추구하는 그 용기다. 진리의 용사 씨는 진리에 대한 헌신과 능동적인 삶에 대한 열심 면에서 첫째가는 청교도다. 《천로역정》 2부는 대체적으로 딱하고 약한 사람의 영적 삶에 방향을 맞추지만, 담대와 진리의 용사 같은 인물들이 전체 그림에 균형을 잡아 주고 이야기 속 여인들과 어린 사람들과 걸핏하면 주저하는 사람들을 돋보이게 하는 역할을 한다.

리게 만드는 이곳의 성격에 어울리게 여행자들은 부주의(Heedless)와 무모(Too-bold)가 잠들어 있는 것을 발견한다. 마법의 땅 먼 끝자락에서 일행은 꿋꿋(Stand-fast)을 만난다. 꿋꿋은 거품 부인(Madame Bubble)이라는 여인에게 유혹 당한 이야기를 하는데,[2] 이 여인은 성적 유혹뿐만 아

---

[2] 거품 부인은 담대가 마녀라는 별명으로 부르는 인물로, 혐오스러운 유혹자임이 너무 뻔히 보여서 별로 생각해 보지도 않고 그냥 넘어가기가 쉽다. 하지만 버니언은 자신의 묘사 실력을 아낌없이 쏟아 부어 이 여인을 설명하는데, 이는 이 여인을 면밀히 살펴보게 만들기 위해서다. 이 여인은 활력 넘치고 언변 좋은 여인으로 묘사된다. 이 여인이 순례자들을 어떻게 미혹시키는지 한 단락에 걸쳐 길게 나열되는 것을 보면 이 여인이 유혹자로서 얼마나 만만찮은 존재인지를 알 수 있다. 하지만 거품이라는 이름은 이 여인이 사실 얼마나 속이 텅 비었고 알맹이가 없는지를 알려 준다.

[3] 뿔라의 땅에 도착하는 장면은 2부의 탐색 이야기의 정점이다. 버니언은 지친 여행자들에게 휴식을 주는 장소를 묘사하는 능력이 탁월하며, 이 목가적인 초록색 세상은 버니언이 그리는 목가적 세계 중에서도 최고다. 하지만 이 부분은 단순히 전원에서 조용히 쉬는 장면이 아니다. 버니언은 소란스러운 소리와 사람들의 부산스러운 움직임을 이 장면에 끼워 넣는다. 즐겁게 축하하는 분위기가 이 에피소드 위에 감돈다.

니라 좀 더 일반적으로 세속성(부에 대한 사랑을 포함해)을 상징하는 육감적인 여인이다. 이 구간의 여정은 뿔라의 땅에서 끝나며, 이곳은 천국의 전초 기지 같은 곳으로 묘사된다.[3]

해설

순례자들이 허영의 도시에 머무는 시간들을 버니언이 어떻게 그리는지를 보면, 그가 2부를 1부의 되풀이로 만들지 않으려고 몹시 애쓰고 있다는 것이 다른 무엇보다도 뚜렷이 드러난다. 여기 허영의 도시에는 크리스천과 믿음에게 공포를 안긴 것 말고는 거의 아무것도 없다. 그런데 나손의 이웃들은 경건한 사람들이고(우리로서는 놀라운 일이다), 이곳에서 보낸 시간은 사실 평화로운 막간의 시간이다.

이 안내서 앞부분에서 우리는 각 이야기들이 서로 대조되는 장면들 사이를 마치 시계추처럼 왔다 갔다 한다는 점을 살펴보았다. 허영의 도시에서 보내는 평화로운 막간의 시간은 곧 의심의 성에서 벌어지는 절망 거인과의 싸움과 대조된다. 여자 거인 자신 없음(Diffidence)이 정직 노인에게 베임 당하고 담대가 "[절망 거인의] 목을 끊었다"는 말에서 알 수 있다시피, 이 싸움은 영웅들이 자존심을 걸고 하는 전투다. 영웅 서사가 흔히 그렇듯 괴물이나 폭군의 패배 뒤에는 포로들이 구출되는 장면이 이어진다.

진리의 용사가 털어 놓은 순례 이야기는《천로역정》의 주요 줄거리를 재현하는 기능을 한다.《천로역정》서두로 상징적으로 회귀하는 장면에서, 진리의 용사는 멸망의 도시와 비슷한 어떤 지역에서 죄를 자각하게 되었다. 진리의 용사가 그렇게 한 것은 진담(Telltrue)이 그의 고향을 찾아와 크리스천의 순례 이야기를 들려주었을 때였다. 진리의 용사가 자신의 이야기를 해나갈 때, 낙심의 늪, 고생산, 굴욕의 골짜기 등 우리가 이제 익히 알고 있는 지명이 등장한다.

이야기가 결말에 가까워진다는 것을 알고 버니언은 자신의 여행 이야기를 구성하는 마지막 변주를 들려준다. 나손의 집에 머무는 장면은 길 가는 순례자들에게 마지막으로 환대가 베풀어지는 장면이다. 절망 거인과의 싸움과 의심의 성이 허물어지는 장면으로 작품 속에서 전투 모티프는 대단원의 막을 내린다. 진리의 용사의 영적 자서전은《천로역정》에서 보게 되는 마지막 순례 이야기다. 유혹 모티프 또한 마지막으로 등장한다. 잠을 부르는 마법의 나무 그늘은 여러 세대에 걸쳐 작가들의 중요한 버팀줄이 되어 왔는데, 버니언도 자기 식으로 이 나무 그늘에 얽힌 이야기를 들려 준다. 거품 부인은 육체와 부의 욕망에 심히 탐닉하고픈 유혹을 가리킨다.

하지만 버니언은 시련과 분투로 이야기를 끝맺지 않는다. 이야기에 방점을 찍어 온 목가적인 초록색 세상이 이제 **뿔**라의 땅에서 절정에 이른다. 마찬가지로, 천상의 도시도 여러 모양으로 나타나고 예시되어 왔는데, 이 장 마지막의 축하 광경은 종소리와 나팔소리, 광채 나는 존재들의 등장, 향내와 더불어 지금까지의 모든 환상과 전조를 능가한다.

묵상과 토론을 위해

여행 이야기가 결말에 다다를 때는, 작가가 단순히 똑같은 이야기를 더 많이 들려주는 게 아니라 작품 전체를 "요약해 주는" 성질을 지닌 세부 내러티브를 골라서 들려주고 있다는 전제에서 읽어나가야 한다. 우리는 순례 여정의 이 마지막 구간을 이 점에 비추어 분석하면서, 버니언이 작품의 이 결말 단계에 특정한 세부 내용을 왜 창작해 넣었는지에 관해 이론을 만들어 볼 수 있다. 이와 관련해, 작가들은 보통 앞서 등장한 사건과 인물을 연상시키는 세부 사항들을 결말 단계에 포함시킨다. 그렇다면 8장은 앞서의 어떤 부분을 상기시키는가?

이 땅에서의 삶에
작별을 고하다

09

▼▼▼

줄거리

9장은 한 사자(使者)가 편지 한 통을 가지고 도착하는 것으로 시작한다. 편지 내용은 주인〔하나님〕께서 열흘 안에 크리스티아나를 만나자고 부르신다는 것이다. 편지를 받고 크리스티아나는 이생을 떠나는 사람에게 어울리는 일련의 행동을 한다. 사망의 강을 건너 길을 갈 준비를 하고, 자녀들에게 축복의 말을 남긴다.[1] 이어서 크리스티아나와 동료 순례자들 사이에 작별 인사와 마지막 대화가 오고간다. 순례자들이 모두 모여 크리스티아나를 강변까지 배웅한다. 크리스티아나가 정말로 강을 건너는지에 대해서는 아무 언급이 없다. 그보다는 남은 사람들의 태도로 이야기의 초점이 옮겨간다.

이야기의 결말 단계는 작별의 말을 모아 놓은 작은 선집의 형식을 띤다. 남아 있는 순례자들도 크리스티아나가 한 것처럼 죽음을 준비하기 때문이다. 주요 줄거리는 떠나는 사람이 남은 사람에게 마지막으로 하는 말들로 구성된다. 이어서 두 가지 주제가 이 작별 인사의 대부분을 이루는데, 하나는 자신의 인생을 짧게 뒤돌아보는 것이고 또 하나는 천국 입성에 관해 미래를 내다보며 하는 말이다.

---

1 죽음으로의 부름은 언제나 경외감을 불러일으킨다. 성경에는 이 문학 장르의 모형이 있다. 예를 들어 하나님은 모세를 죽음으로 소환하신다(신 32:48~52). 하나님은 이사야 선지자를 히스기야 왕에게 보내, 왕이 병으로 죽을 것이므로 집안을 정리하라고 명하게 하신다(왕하 20:1). 중세의 도덕극 〈에브리맨〉(Everyman)의 전체 플롯은 하나님의 사자 죽음이 등장해 에브리맨을 천국과 심판으로 부르는 사건으로 진행된다. 어떤 문학자(피비 S. 스피나드)는 《중세와 르네상스 시대 드라마에 나타난 죽음으로의 부름》이라는 책을 쓰기도 했다(오하이오 주립대학교 출판부, 1987).

해설

이야기를 마무리하는 이 장에서는 몇 가지 아주 엄숙한 문학 장르가 힘 있게 작동한다.[2] 하나는 이생을 떠나는 사람의 보편적 상황을 문학적 수단으로 구체적이고 생생하게 묘사하여 죽음으로 소환되는 광경을 원형적으로 보여 준다는 것이다. 물론 이 소환은 죽음 준비라는 결과를 낳는다. 이 장에서 작동하는 또 하나의 문학 전통은, 작별 강화(講話), 좀 더 간단하게 표현해 죽기 직전의 사

---

[2] 버니언이 《천로역정》 2부를 출간하기 약 삼십 년 전, 제레미 테일러라는 잉글랜드 국교회 설교자가 《거룩한 죽음의 준칙과 실행》(*The Rule and Exercises of Holy Dying*)이라는 고전적인 기독교 경건서적을 펴냈다[후대에는 《성사론》(*Holy Dying*)으로 알려짐]. 이 책은 잘 죽는 법에 관한 기독교의 사상과 실천 전통의 정점이다. 테일러의 책은 《천로역정》 2부를 마무리하면서 뒤이어 읽기 좋은 책이다.
이와 관련된 문학 장르 및 실생활에서 나타나는 현상은 "유명한 임종의 말" 전통으로, 사람들이 죽어가는 중에 남기는 최후의 발언을 뜻한다. 이런 진술만을 모아 놓은 것도 손쉽게 구할 수 있다(인터넷을 포함해서). 대개의 경우, 그런 유명한 임종의 말은 《천로역정》 결말 부분에서 순례자들의 한껏 경건한 발언들과 대조된다.

람이 남기는 죽음의 말이다("유명한 임종의 말" 장르). 이와 유사한 신앙 전통으로 거룩한 죽음(holy dying)이라는 것이 있으며, 이는 최후의 순간을 의연하게, 남은 사람들이 본받아야 할 방식으로 겪어내는 사람들의 모범적 태도를 말한다.

어떤 의미에서 2부도 1부처럼 우리에게 놀라운 결말을 선사한다. 크리스티아나가 천상의 도시로 영접되었는지에 대해서는 아무 설명이 없다. 사실은 크리스티아나가 강을 건너는 모습도 볼 수 없다. 그러나 또 어떤 의미에서 여러 순례자들의 작별 인사를 모아 놓은 것은 전적으로 논리적이고 만족스러워 보인다. 2부의 초점은 개인이 아니라 집단에 맞춰져 있다. 순례는 한 사람의 순례가 아니라 여행자 집단의 순례였다. 2부가 전개되면서 우리가 알게 된 순례자들의 마지막 순간을 보게 되는 것은 당연한 일이다.

묵상과 토론을 위해

문학 작품의 주제는 인간의 보편적 체험이다. 이 장에서는 죽음을 마주하고 겪어내는 체험이 우리 앞에 펼쳐진다. 이 장에서 얻어야 할 첫 번째 교훈은 우리가 직접 죽음을 마주한다면 어떨 것인지 생각해 보라는 것이다. 그러면 버니언이 창작해낸 인물들과 이들이 남기는 작별의 말은 죽는다는 게 어떤 의미인지 이해하고 깨닫는 데 도움이 될 수 있을 것이다.

자료 더 찾아보기

《천로역정》은 사실상 어떤 판본을 읽어도 독자에게 유익할 것이다. 일부 판본은 성경을 더 많이 참조하기도 한다. 다음 두 판본에는 기독교 신앙에 호의적이라고 알려진 편집자들의 비판적 자료가 담겨 있다(도입부의 서론과 결말 부분의 주석).

N. H. Keeble, ed., *John Bunyan: The Pilgrim's Progress*, Oxford World's Classics.

Roger Pooley, ed., *John Bunyan: The Pilgrim's Progress from This World, to That Which Is to Come*, Penguin Books.(《천로역정》, 섬앤섬 역간)

아래는 이차 자료 목록이다.

Batson, E. Beatrice. *John Bunyan: Allegory and Imagination*. London: Croom Helm, 1984.

Dunan-Page, Anne, ed. *The Cambridge Companion to Bunyan*. Cambridge, UK: Cambridge University Press, 2010.

Frye, Roland Mushat. *God, Man, and Satan: Patterns of Christian Thought and Life in Paradise Lost, Pilgrim's*

Progress, and the Great Theologians. Princeton, NJ: Princeton University Press, 1960.

Kaufmann, U. Milo. *The Pilgrim's Progress and Traditions in Puritan Meditation*. New Haven, CT: Yale University Press, 1966.

Newey, Vincent, ed. *The Pilgrim's Progress: Critical and Historical Views*. Totowa, NJ: Barnes and Noble, 1980.

Ryken, Leland, James C. Wilhoit, and Tremper Longman, eds. *Dictionary of Biblical Imagery*. Downers Grove, IL: InterVarsity, 1998.(《성경 이미지 사전》, CLC 역간)

Sadler, Lynn Veach. *John Bunyan*. Boston: Twayne, 1979.

Whyte, Alexander. *Bunyan Characters*. Eugene, OR: Wipf and Stock, 2000.

이 책에 쓰인 문학 용어 풀이

다른 것을 돋보이게 하는 사람 혹은 물건 (foil). 이야기 속의 무언가와 병행하거나 대조됨으로써 그것을 돋보이게 하는 어떤 장치.

모험담 (adventure story). 극적인 사건들로 이뤄진 흥미진진한 이야기로, 흔히(늘 그렇지는 않지만) 기상천외한 일들이 담긴다.

배경 (setting). 이야기 속에서 사건이 일어나는 장소. 물리적인 장소일 뿐만 아니라 시간을 말할 수도 있다.

사실주의 (realism). 실제와 비슷함. 우리의 세상에서 실제로 있을 수 있는 인물, 사건, 배경을 문학적으로 표현하는 것.

상징/상징주의 (symbol/symbolism). 그 자체에 더하여 무언가를 나타내는 사물이나 사람이나 행동. 부차적 의미라는 원리에 바탕을 둔다.

상징적 현실 (symbolic reality). 텍스트에 상징이 너무 우세해서 독자가 문자 그대로의 의미보다는 주로 상징의 숲을 마주하게 되는 상황.

여행담 (travel story). 주인공이 일련의 장소들을 찾아다니는 여정을 중심으로 구성된 이야기.

영웅담 (hero story). 크게(반드시 전체적일 필요는 없고) 모범이 되거나 보통 사람들을 대표하는 경험, 구체적으로 작가 시대의 문화를 대표하는 경험을 하는 중심인물의 위업을 그리는 작품.

원형 (archetype). 문학 작품이나 인생에 되풀이되는 어떤 모티프(예를 들어, 탐색 여정), 인물 유형(예를 들어, 악한), 이미지나 배경(예를 들어, 어둠).

인물/인물 묘사 (character/characterization). 작품 속에서 행동을 이행하는 사람들과 그 외 행위자들.

인유 (allusion). 과거 역사나 문헌을 언급하는 것.

장르 (genre). 소설이나 시(詩) 같은 문학 유형이나 종류.

전원 문학 (pastoral). 전원을 배경으로 전원의 삶을 그리는 문학. 자연 문학의 한 형식. 이런 문학 작품은 소박한 삶을 찬양한다.

전기(傳奇) 소설 혹은 모험담 (romance). 엄격히 사실적이거나 사실 같은 이야기가 아니라 초자연적이거나 불가사의한 요소를 담고 있는 이야기.

전형적 장면 (type scene). 작품 속 일정한 유형의 이야기나 사건에서 반복되어, 그 이야기에서 예측할 수 있는 부분이 되는 공통 요소들의 집합.

판타지 (fantasy). 실제 세계에 존재하지 않는 인물, 배경, 사건들이 담긴 문학 작품.

풍자 문학 (satire). 악덕이나 어리석음을 폭로하는 문학.

플롯 (plot). 이야기를 구성하는 일련의 행동과 사건이 면밀하게 체계화되는 것을 말하며, 결말에서 해결되는 한 가지 이상의 갈등으로 짜인다.

해설자 (narrator). 작품 속에 작가가 내적으로 존재하는 것.